КУХАРИЦА "САМО ШКАМПИ" И "ШКАМПИ ОД ШКАМПА"

Од класичних шкампи од шкампа до зачињених такоса од шкампа, откријте 100 најбољих рецепата за љубитеље морских плодова како бисте задовољили своју жељу

Растко Његрић

ПРЕГЛЕД САДРЖАЈА

ПРЕГЛЕД САДРЖАЈА...3

УВОД 7

1. Цајун пржени шкампи и остриге................. 8

2. Боуиллабаиссе гризе................................ 10

3. Лингвини и шкампи 12

4. Шкампи а ла Планцха преко шафрана алиоли тостова................... 14

5. Бомбајска грдобина.................................. 17

6. Пилетина, шкампи и чоризо паеља 19

7. Минти Схримп Битес................................ 22

8. Киви и шкампи 24

9. Биљни козји сир и шкампи од пршуте........ 26

10. Њокети са шкампима и пестом................. 28

11. Акадске кокице 31

12. Јабука глазирани ражњићи од морских плодова 33

13. Салате од шкампа и спанаћа 35

14. Суфле од шкампа 37

15. Цевицхе Перуано................................... 39

16. Чедар фонди са парадајз сосом 41

17. Зачињени дип од шкампа и сира 43

18. Дуцк Гумбо 45

19. Патки кари са ананасом 48

20. Роштиљ патка кари са личијем 51

21. Цевицхе од школьки на жару 54

22. Цевицхе од ђумбира од шкампа преко јапанског јечма.... 56

23. Тости Цевиће 59

24. Цевицхе Ецуаторіано 61

25. Схримп Цевицхе Цоцктаил де Цамерон.... 63

26. Розе сољу сушени шкампи са нежним цевицхеом од кокоса 66

27. Цевицхе од рибе и шкампа 68

28. Цевицхе Цоцктаил 1990 Стиле 70

29. Цевицхе од бакалара, ахи и наследног парадајза 72

30. Цевицхе де цамаронес 74

31. Цевицхе од шкампа и тацос или дип од авокада 76

32. Југозападни Цевицхе 78

33. Лао Стиле Спици Схримп Цевицхе 82

34. Зести Лиме Схримп & Авоцадо Цевицхе 84

35. Раинбов Цевицхе 86

36. Орегонско месо шкампа Цевицхе 89

37. Схримп Анд Цонцх Цевицхе 91

38. Карипски зачињени севичи 93

39. Суммер Цевицхе 96

40. Севицхе од шкампи и ракова 98

41. Манго шкампи Цевицхе 100

42. Цевицхе Де Цамарон Сонора Стиле 102

43. Авокадо шкампи Цевицхе-Естилло Сарита 104

44. Синалоа-Стиле Цевицхе 106

45. Сеафоод Медлеи Цевицхе 108

46. Блооди Мари Цевицхе 111

47. Тилапиа и шкампи Цевицхе Сасхими 113

48. амерички цевич 115

49. Авокадо Шримп Цевицхе 117

50. Цевицхе Перуано 119

51. Цевицхе Аутопортраит 121

52. Цевицхе солеро 123

53. Севиче у стилу Јукатана 125

54. Шкампи Цевицхе Сасхими 127

55. Зачињени дип од шкампа и сира 129

56. Зачињене фритуле од шкампа 131

57. Португалске ролнице са шкампима 133

58. Залихе шкампа 135

59. Сеафоод Гумбо Стоцк 137

60. Дуцк Гумбо 139

61. Пилетина Бамија Гумбо 142

62. Говеђи гумбо 145

63. Схримп Гумбо 147

64. Пилетина и шкампи Гумбо 149

65. Обала Мексичког залива Гумбо 151

66. Пилетина, шкампи и Тасо Гумбо 154

67. Цреоле Гумбо 157

68. Цреоле Сеафоод Гумбо 160

69. Шкампи и Бамија Гумбо 164

70. Супер Гумбо 167

71. Филе Гумбо 171

72. Роук-лесс Гумбо 174

73. Шкољка, шкампи и рак 177

74. Етоуффее од шкампи 180

75. Јамајчанска супа од шкампа 182

76. Цајун сом гумбо 184

77. Пилетина, шкампи и кобасица Јамбалаиа 186

78. Слов Цоокер Јамбалаиа 189

79. Јамбалаиа-Пуњене ролнице од купуса 191

80. Сломљена џембалаја од шкампа 194

81. Кус-кус јамбалаја 196

82. Супа од кукуруза и шкампа 198

83. Шкампи и гриз 201

84. Ремоуладе од шкампи 203

85. Пуњени мирлитони 205

86. Лагниаппе чили 208

87. Посуде за пролећне ролнице од тиквица 211

88. Салата од киное и шкампа 213

89. Мамурлук шкампи 215

90. Пинвхеел шкампи 217

91. Тестенина са сирним песто шкампима и печуркама 220

92. Сирни песто шкампи са тестенином 222

93. Кокосови шкампи са кари хумусом 224

94. Шкампи са маслацем од белог лука 226

95. Џајун шкампи и пиринач 228

96. Тацос од шкампи 230

97. Шкампи Алфредо 232

98. шкампи пржени пиринач 234

99. Кари са кокосовим шкампима 236

100. Ражња од шкампа на жару 238

ЗАКЉУЧАК **240**

УВОД

Шкампи су свестрани састојак који се може користити у разним јелима, од класичних шкампа до зачињених такоса од шкампа. Са својим деликатним укусом и нежном текстуром, шкампи су омиљени међу љубитељима морских плодова широм света. Било да сте кувар почетник или искусан кувар, ова куварица има понешто за свакога.

У овом врхунском водичу за кување са шкампима, наћи ћете преко 100 укусних и једноставних рецепата који ће задовољити ваше жеље и импресионирати ваше госте. Од предјела и салата до главних јела и супа, ова куварица има све. Откриће класична јела попут коктела од шкампа и прженог пиринча са шкампима, као и модерне преокрете на шкампи од шкампа и алфредо од шкампа.

Али ова куварица није само о рецептима. Такође ћемо заронити у историју и кулинарску традицију шкампа широм света, као и дати савете и трикове за одабир, припрему и кување шкампа до савршенства. Научићете како да правилно очистите и девеинујете шкампе, као и како да их кувате на различите методе, укључујући печење на роштиљу, сотирање, печење и још много тога.

Ова куварица је савршена за све који воле шкампе, било да желите да проширите своје кулинарске хоризонте или једноставно желите да уживате у омиљеним морским плодовима на нове и узбудљиве начине. Зато узмите копију ове куварске књиге и хајдемо да кувамо!

шкампи, плодови мора, рецепти, кување, куварица, предјела, салате, главна јела, супе, историја, кулинарска традиција, савети, трикови, одабир, припрема, чишћење, девеининг, роштиљање, динстање, печење!

1. <u>Цајун пржени шкампи и остриге</u>

Прави: 4 порције

САСТОЈЦИ
1 фунта свеже ољуштених острига
1 фунта џамбо сирових шкампа, огуљених и очишћених
2 јаја, лагано умућена одвојено
¾ шоље вишенаменског брашна
½ шоље паленте
2 кашичице Цајун зачина
½ кашичице лимуновог бибера
2 шоље биљног уља, за дубоко пржење

УПУТСТВО:
a) Ставите остриге у средњу посуду, а шкампе ставите у посебну посуду. Прелијте јајима шкампе и остриге (1 јаје по чинији) и уверите се да је све лепо премазано. Поставите чиније на страну.

b) У велику врећу за замрзавање са затварачем, додајте брашно, паленту, цајун зачин и лимунов бибер. Протресите кесу да бисте били сигурни да је све добро измешано. Додајте шкампе у кесу и протресите да се прекрију, а затим извадите шкампе и ставите их на плех. Сада додајте остриге у врећу и поновите поступак.

c) У фритези или тигању загрејте биљно уље на око 350 до 360 степени Ф. Пржите шкампе док не поприме златно смеђу боју, отприлике 3 до 4 минута. Затим пржите остриге до златно смеђе боје, отприлике 5 минута. Ставите морске плодове на тањир обложен папирним пешкиром да бисте апсорбовали део вишка уља. Послужите уз омиљени сос за потапање.

2. Боуиллабаиссе битес

Марке: 24

САСТОЈЦИ
- 24 медијума Шкампи, огуљени и девеинед
- 24 медијума Морске капице
- 2 шоље парадајз соса
- 1 конзерва млевених шкољки (6-½ оз)
- 1 кашика Пернод
- 20 милилитара
- 1 ловоров лист
- 1 кашичица босиљка
- ½ кашичице соли
- ½ кашичице свеже млевеног бибера
- Бели лук, млевени
- Шафран

УПУТСТВО:
a) Ражњиће шкампе и капице на ражњу од бамбуса од 8 инча, користећи 1 шкампу и 1 капицу по ражњу; обмотајте реп шкампа око капице.

b) Помешајте парадајз сос, шкољке, Пернод, бели лук, ловоров лист, босиљак, со, бибер и шафран заједно у шерпи. Ставите смешу да проври.

c) Рибу на ражњу поређајте у плитку посуду за печење.

d) Прелијте сос преко ражња. Пеците непокривено на 350 степени 25 минута.

3. Лингвин и шкампи

Марке: 6

САСТОЈЦИ
- 1 паковање лингуине тестенине
- ¼ шоље путера
- 1 сецкана црвена паприка
- 5 млевених чена белог лука
- 45 сирових великих шкампи ољуштених и очишћених ½ шоље сувог белог вина ¼ шоље пилећег бујона
- 2 кашике лимуновог сока
- ¼ шоље путера
- 1 кашичица млевене црвене паприке
- ½ кашичице шафрана
- ¼ шоље сецканог першуна
- Соли по укусу

УПУТСТВО:
a) Скувајте тестенину према упутству на паковању, што би требало да траје око 10 минута.
b) Оцедите воду и оставите је на страну.
c) У великом тигању истопите путер.
d) Кувајте паприке и бели лук у тигању 5 минута.
e) Додајте шкампе и наставите да пржите још 5 минута.
f) Извадите шкампе на тањир, али оставите бели лук и бибер у тигању.
g) Бело вино, чорбу и лимунов сок проври.
h) Вратите шкампе у тигањ са још 14 шољица бољег.
i) Додајте пахуљице црвене паприке, шафран и першун и посолите по укусу.
j) Крчкајте 5 минута након додавања тестенине.

4. Шкампи а ла Планцха преко шафрана алиоли тостова

САСТОЈЦИ
АЛЛИОЛИ
- 1 велики прстохват шафрана
- 1 велико жуманце
- 1 чен белог лука, ситно исечен
- 1 кашичица кошер соли
- 1 шоља екстра девичанског маслиновог уља, пожељно шпанског
- 2 кашичице лимуновог сока, плус још ако је потребно

СХРИМП
- Четири ½ инча дебеле кришке сеоског хлеба
- 2 кашике екстра девичанског маслиновог уља доброг квалитета, по могућности шпанског
- 1½ фунте јумбо
- 20-бројне ољуштене шкампе
- Кошер соли
- 2 лимуна преполовљена
- 3 чена белог лука, ситно исецкана
- 1 кашичица свеже млевеног црног бибера
- 1 шоља сувог шерија
- 2 кашике грубо сецканог першуна са равним лишћем

УПУТСТВО:
a) Направите аиоли: У малом тигању постављеном на средњу ватру, тостирајте шафран док не постане ломљив, 15 до 30 секунди.

b) Окрените га на мали тањир и користите полеђину кашике да га згњечите. У средњу чинију додајте шафран, жуманца, бели лук и со и снажно умутите док се добро не сједине.

c) Почните да додајете маслиново уље неколико капи одједном, пажљиво мешајући између додавања, док ајоли не почну да се згушњавају, а затим улијте преостало уље у смесу у веома спором и равномерном млазу, мешајући ајоли док не постане густ и кремаст.

15

d) Додајте лимунов сок, окусите и прилагодите са још лимуновог сока и соли по потреби. Пребаците у малу посуду, покријте пластичном фолијом и ставите у фрижидер.

e) Направите тост: Поставите решетку за рерну на највиши положај, а бројлер на високу. Ставите кришке хлеба на лим за печење и премажите обе стране хлеба са 1 кашиком уља.

f) Пеците хлеб до златно смеђе боје, око 45 секунди. Окрените хлеб и тостирајте другу страну (пажљиво посматрајте бројлера, јер интензитет бројлера варира), 30 до 45 секунди дуже. Извадите хлеб из рерне и ставите сваку кришку на тањир.

g) У велику посуду ставите шкампе. Користите нож за чишћење да направите плитак прорез низ закривљену полеђину шкампа, уклоните вену (ако постоји) и оставите љуску нетакнуту. Загрејте велики тигањ са тешким дном на средње јакој ватри док скоро не попуши, 1½ до 2 минута.

h) Додајте преосталу 1 кашику уља и шкампе. Поспите прстохват соли и сок од половине лимуна преко шкампа и кувајте док шкампи не почну да се увијају и ивице љуске не порумене 2 до 3 минута.

i) Окрените шкампе хватаљкама, поспите их са још соли и соком од друге половине лимуна и кувајте док шкампи не постану светло ружичасти, око 1 минут дуже. Направите бунар у средини тигања и умешајте бели лук и црни бибер; када бели лук замирише, после 30-ак секунди, додајте шери, пустите да проври и умешајте мешавину белог лука и шери у шкампе.

j) Кувајте, мешајући и стругајући браон комадиће са дна тигања у сос. Искључите ватру и исцедите сок друге половине лимуна. Преосталу половину лимуна исеците на кришке.

k) Намажите врх сваке кришке хлеба са великодушном кашиком шафранског аиолија. Поделити шкампе на тањире и сваку порцију прелити неким сосом. Поспите першуном и послужите са кришкама лимуна.

5. Бомбаи Монкфисх

Производи: 1

САСТОЈЦИ
- 1 фунта грдобине, огуљене
- Млеко за покривање
- ¼ фунте шкампи ољуштених
- 2 јаја
- 3 кашике парадајз пасте ½ кашичице карија у праху
- 2 кашичице лимуновог сока
- ¼ кашичице свежег рузмарина, сецканог
- 1 прстохват шафрана или куркуме ¾ шоље светле креме
- Сол и бибер по укусу

УПУТСТВО:

a) Загрејте рерну на 350Ф. Ставите грдобину у таву довољно велику да је држи. Прелијте млеком и ставите шерпу на умерену ватру.

b) Пустите да проври, поклопите и кувајте 8 минута. Окрените рибу и кувајте 7 минута дуже, или док се риба не скува.

c) Када је грдобина скоро готова, додајте шкампе и кувајте 2-3 минута, или док не порумене.

d) Оцедите рибу и шкампе, баците млеко.

e) Нарежите грдобину на комаде величине залогаја. Умутите јаја са парадајз пастом, кари прахом, лимуновим соком, рузмарином, шафраном и ½ шоље павлаке.

f) Помешајте рибу и шкампе и зачините по укусу сољу и бибером.

g) Претворите у 4 појединачне рамекин посуде и прелијте једнаку количину преосталог крема преко сваке посуде.

h) Пеците 20 минута, или док се не стегне. Послужите топло са лимуном и хрскавим француским хлебом.

6. Пилетина, шкампи и чоризо паеља

САСТОЈЦИ

- ½ кашичице нити шафрана, згњечене
- 2 кашике маслиновог уља
- 1 фунта пилећих бутина без коже и костију, исечених на комаде од 2 инча
- 4 унце куване, димљене чоризо кобасице у шпанском стилу, нарезане
- 1 средњи лук, исецкан
- 4 чена белог лука, млевеног
- 1 шоља крупно ренданог парадајза
- 1 кашика димљене слатке паприке
- 6 шољица пилећег бујона са смањеним садржајем натријума
- 2 шоље шпанског пиринча кратког зрна, као што су бомба, Џаласпарра или Валенциа
- 12 великих шкампи, огуљених и огуљених
- 8 унци смрзнутог грашка, одмрзнут
- Сецкане зелене маслине (опционо)
- Сецкани италијански першун

УПУТСТВО:

a) У малој посуди помешајте шафран и 1/4 шоље вреле воде; оставити да одстоји 10 минута.

b) У међувремену, у тигању за паелу од 15 инча загрејте уље на средње јакој ватри. Додајте пилетину у тигањ. Кувајте, повремено окрећући, док пилетина не порумени, око 5 минута. Додајте чоризо. Кувајте још 1 минут. Пребаците све на тањир. Додајте лук и бели лук у тигањ. Кувајте и мешајте 2 минута. Додајте парадајз и паприку. Кувајте и мешајте још 5 минута или док се парадајз не згусне и буде скоро попут пасте.

c) Вратите пилетину и чоризо у тигањ. Додајте пилећу чорбу, мешавину шафрана и 1/2 кашичице соли; довести до кључања на јакој ватри. Додајте пиринач у тигањ, једном промешајте да се равномерно распореди. Кувајте, без мешања, док пиринач не упије већину течности, око 12 минута. (Ако је ваш тигањ већи од вашег горионика, ротирајте сваких неколико минута да бисте обезбедили да се пиринач равномерно кува.) Смањите топлоту на ниско. Кувајте, без мешања, још 5 до 10 минута док се сва течност не упије и пиринач постане ал денте. Одозго са шкампима и грашком. Окрените топлоту на високо. Кувајте без мешања, још 1 до 2 минута (ивице треба да изгледају суве, а на дну треба да се створи корица). Уклони. Покријте тепсију фолијом. Пустите да се одмори 10 минута пре сервирања. Прелијте маслинама по жељи и першуном.

7. Минти Схримп Битес

Марке: 16

САСТОЈЦИ
- 2 кашике маслиновог уља
- 10 унци шкампи, кувани
- 1 кашика менте, сецкана
- 2 кашике еритритола
- ⅓ шоље купина, млевених
- 2 кашичице карија у праху
- 11 кришки пршуте
- ⅓ шоље повртног темељца

УПУТСТВО:
a) Покапајте уљем сваки шкамп након што га умотате у кришке пршуте.

b) У вашем инстант лонцу помешајте купине, кари, менту, темељац и еритритол, промешајте и кувајте 2 минута на лаганој ватри.

c) Додајте корпу за пару и умотане шкампе у лонац, поклопите и кувајте 2 минута на високој температури.

d) Ставите умотане шкампе на тањир и прелијте их сосом од нане пре сервирања.

8. Киви и шкампи

Израђује: 4 порције

САСТОЈЦИ

- 3 плода кивија
- 3 кашике маслиновог уља
- 1 фунта шкампи, огуљени
- 3 кашике брашна
- ¾ шоље пршуте, исечене на танке тракице
- 3 шалотке, ситно исецкане
- ⅓ кашичице чили праха
- ¾ шоље сувог белог вина

УПУТСТВО:

a) Огулити киви. Резервишите 4 кришке за украс, а преостало воће исецкајте. У тешком тигању или воку загрејте уље. Баците шкампе у брашно и динстајте 30 секунди.

b) Додајте пршуту, љутику и чили у праху. Пржите, још 30 секунди. Додајте сецкани киви и динстајте 30 секунди. Додајте вино и смањите на пола.

c) Послужите одмах.

9. Биљни козји сир и шкампи од пршуте

Прави: 4 порције

САСТОЈЦИ

12 кашика козјег сира

1 кашичица сецканог свежег першуна

1 кашичица сецканог свежег естрагона

1 кафена кашика сецканог свежег кребуља

1 кашичица сецканог свежег оригана

2 кашичице млевеног белог лука

Со и бибер

12 великих шкампи, огуљени, на реп и

Буттерфлиед

12 Танких кришки пршуте

2 кашике маслиновог уља

Капљица белог тартуфа

уље

У посуди за мешање помешајте сир, зачинско биље и бели лук. Зачините смешу сољу и бибером. Зачините шкампе сољу и бибером. У удубљење сваке шкампе утисните по једну кашику фила. Сваки шкамп чврсто умотајте једним комадом пршуте. У тигању за сот загрејте маслиново уље. Када се уље загреје, додајте пуњене шкампе и пржите 2 до 3 минута са сваке стране, или док шкампи не постану ружичасти и док им се репови не савијају према телу. Извадите из тигања и ставите на велики тањир. Прелијте шкампе уљем од тартуфа.

Украсите першуном.

10. Њокети са шкампима и пестом

Марке: 4–6

САСТОЈЦИ
- Тесто од гриза

ПИСТАЦХИО ПЕСТО
- 1 шоља пистација
- 1 гомила менте
- 1 чен белог лука
- ½ шоље ренданог Пецорино Романо
- ½ шоље маслиновог уља
- Кошер соли
- Свеже млевени црни бибер
- 8 оз фава пасуља
- Маслиново уље
- 3 чена белог лука, исецкана
- 2 лб велике шкампе, очишћене
- Мљевена црвена паприка, по укусу
- Кошер соли
- Свеже млевени црни бибер
- ¼ шоље белог вина
- 1 лимун, са кором

УПУТСТВА
a) Два плеха поспите гриз брашном.

b) Да бисте направили њоке, одрежите мали комад теста и прекријте остатак теста пластичном фолијом. Својим рукама разваљајте комад теста у конопац дебљине око ½ инча. Изрежите комаде теста од ½ инча од ужета. Палцем лагано гурните комад теста на даску за њоке, откотрљајући га од тела тако да се направи благо удубљење. Ставите њоке на тепсије посуте гризом и оставите их непокривене док не буду спремне за кување.

c) Да бисте направили песто од пистација, у машину за храну додајте пистације, менту, бели лук, Пецорино Романо, маслиново уље, со и свеже млевени црни бибер, и мешајте док не постане пире.

d) Припремите посуду са леденом водом. Уклоните фава пасуљ из махуне. Пасуљ фава бланширајте тако што ћете га кувати у кључалој води док не омекша, око 1 минут. Извадите из воде и ставите у ледено купатило. Када се довољно охлади, извадите из воде и оставите у чинији. Уклоните воштани спољни слој пасуља и баците га.

e) Проври велики лонац слане воде. У међувремену, у велики тигањ на јакој ватри додајте мало маслиновог уља, бели лук, шкампе, млевену црвену паприку, со и свеже млевени црни бибер. Док се шкампи кувају, ставите тестенину у кључалу воду и кувајте до ал денте, око 3 до 4 минута. Додајте тестенину у тигањ са белим вином и оставите да кува док вино не преполови, око минут.

f) Да бисте послужили, поделите тестенину између чинија. Украсите лимуновом корицом и пестом од пистација.

11. Акадске кокице

САСТОЈЦИ

- 2 фунте малих шкампа
- 2 велика јаја
- 1 шоља сувог белог вина
- ½ шоље паленте
- ½ шоље брашна
- 1 кашика свежег власца
- 1 чен белог лука, млевен
- ½ кашичице листова тимијана
- ½ кашичице кребуља
- ½ кашичице соли од белог лука
- ½ кашичице црног бибера
- ½ кашичице кајенског бибера
- ½ кашичице паприке
- уље за дубоко пржење

УПУТСТВО:

a) Исперите ракове или шкампе у хладној води, добро оцедите и оставите на страну док не буде потребно. Умутите јаја и вино у малој чинији, а затим охладите.

b) У другој малој посуди помешајте паленту, брашно, власац, бели лук, мајчину душицу, кребуљ, со, бибер, кајенску паприку и паприку. Постепено умутите суве састојке у мешавину јаја, добро измиксајући. Покријте добијено тесто и оставите да одстоји 1-2 сата на собној температури.

c) Загрејте уље у холандској рерни или фритези на 375 ° Ф на термометру.

d) Умочите суве морске плодове у тесто и пржите их у малим серијама 2-3 минута, окрећући их до златно смеђе боје.

e) Извадите шкампе шупљикавом кашиком и добро их оцедите на неколико слојева папирних убруса. Послужите га на загрејаном послужавнику са омиљеним умаком.

12. Јабука глазирани ражњићи од морских плодова

Прави: 6 порција

САСТОЈЦИ

- 1 конзерва концентрата сока од јабуке
- 1 кашика СВАКОГ путера и дижон сенфа
- 1 велика слатка црвена паприка
- 6 сегмената сланине
- 12 Морске капице
- 1 фунта шкампи без љуске (око 36)
- 2 кашике свежег першуна исеченог на коцкице

УПУТСТВО:

а) У дубоком, тешком лонцу кувајте концентрат сока од јабуке на јакој ватри 7 10 минута или више док се не смањи на око ¾ шоље. Скините са ватре, умутите путер и сенф док не постане глатка. Оставите на страну. Паприку преполовите. Извадите семенке и петељку, па паприку исеците на 24 дела. Преполовите сегменте сланине попречно, а сваку капицу умотајте у комад сланине.

b) ражњиће паприке, капице и шкампе наизменично на 6 ражњића. Ставите ражњиће на науљени роштиљ за роштиљ. Пеците на умерено јакој ватри 2-3 минута, прелијте глазуром од сока од јабуке и често ротирајте, све док капице не постану непрозирне, шкампи не постану ружичасти, а бибер не омекша. Послужите попрскано першуном.

13. Салате од шкампа и спанаћа

Послуживање: 4 порције

Састојци
1 фунта ољуштених и очишћених куваних средњих шкампа
4 зелена лука, танко нарезана
3/4 шоље прелива за салату од сланине од парадајза
1 пакет (6 унци) свежег беби спанаћа
1 шоља сецкане шаргарепе
2 тврдо кувана велика јаја, нарезана
2 шљива парадајза, исечена на коцкице

Правац
Кувајте лук и шкампе са преливом за салату у великом тигању
на средњој ватри да се загреју, или 5 до 6 минута.
Ставите једнаке количине спанаћа на 4 порције. На врх
ставите парадајз, јаја, шаргарепу и мешавину шкампа.
Послужите одмах.

14. Суфле од шкампа

Принос: 6 порција

Измерите састојак
- ½ фунте куваних шкампи
- 3 кришке Свеж корен ђумбира
- 1 кашика шерија
- 1 кашичица соја соса
- 6 беланаца
- ½ кашичице соли
- 4 кашике уља
- 1 цртица бибер

a) Куване шкампе исеците на коцкице и исецкајте корен ђумбира; затим комбинујте са шеријем и соја сосом.
b) Умутите беланца, посолите, док не постану чврсти, али не и суви. Преклопите у мешавину шкампа.
c) Загрејати уље до димљења. Додајте мешавину шкампа и јаја и кувајте на средње јакој ватри, непрестано мешајући, док јаја не почну да се везују (3 до 4 минута).

15. Цевицхе Перуано

Састојци

- 2 средња кромпира
- 2 слатка кромпира
- 1 црвени лук, исечен на танке траке
- 1 шоља свежег сока од лимете
- 1/2 стабљике целера, нарезане
- 1/4 шоље лагано упакованих листова цилантра
- 1 прстохват млевеног кима
- 1 чешањ белог лука, млевен
- 1 хабанеро бибер
- 1 прстохват соли и свеже млевеног бибера
- 1 фунта свеже тилапије, исечене на 1/2 инча
- шкампи средње величине од 1 фунте - огуљени,

Упутства

a) Ставите кромпир и слатки кромпир у шерпу и прелијте водом. Ставите нарезани лук у посуду са топлом водом.

b) Помешајте целер, цилантро и ким и умешајте бели лук и хабанеро бибер. Зачините сољу и бибером, па умешајте тилапију исечену на коцкице и шкампе

c) За послуживање, огулите кромпир и исеците га на кришке. Умешајте лук у мешавину рибе. Обложите чиније за сервирање листовима зелене салате. Сипајте цевиче који се састоји од сока у чиније и украсите кришкама кромпира.

16. Чедар фонди са парадајз сосом

Марке: 4

САСТОЈЦИ
- 1 чена белог лука, преполовљена
- 6 средњих парадајза, без семена и коцкица
- 2/3 шоље сувог белог вина
- 6 кашика. Маслац, на коцкице
- 1-1/2 кашичице. Осушени босиљак
- Дасх кајенски бибер
- 2 шоље исецканог цхеддар сира
- 1 кашика. Вишенаменско брашно
- Француски хлеб на коцкице и кувани шкампи

УПУТСТВО:
a) Истрљајте дно и странице лонца за фонди чен белог лука.

b) Оставите на страну и баците бели лук.

c) У великој шерпи помешајте вино, путер, босиљак, кајенски кајенски и парадајз.

d) На средње ниској ватри ставите мешавину да проври, а затим смањите температуру на ниску.

e) Помешајте сир са брашном.

f) Додајте мешавини парадајза постепено уз мешање након сваког додавања док се сир не отопи.

g) Сипајте у посуду за фонди за припрему и држите на топлом.

h) Уживајте уз шкампе и коцкице хлеба.

17. Зачињени дип од шкампа и сира

САСТОЈЦИ

- 2 кришке сланине без шећера
- 2 средња жута лука,ољуштена и исецкана на коцкице
- 2 чена белог лука, млевено
- 1 шоља шкампа од кокица (не поханих), куваних
- 1 средњи парадајз, исечен на коцкице
- 3 шоље исецканог Монтереи џек сира
- 1/4 кашичице Франковог црвеног соса
- 1/4 кашичице кајенског бибера
- 1/4 кашичице црног бибера

УПУТСТВО:

a) Кувајте сланину у средњем тигању на средњој ватри док не постане хрскава, око 5-10 минута. Држите маст у посуди. Сланину ставите на папирни пешкир да се охлади. Када се охлади, сланину измрвити прстима.

b) Додајте лук и бели лук у сланину која капље у тигању и динстајте на средње лаганој ватри док не омекшају и замиришу, око 10 минута.

c) Комбинујте све састојке у лаганом шпорету; добро промешати. Кувајте поклопљено на ниској температури 1-2 сата или док се сир потпуно не отопи.

18. Дуцк Гумбо

САСТОЈЦИ

Акција:

- 3 велике или 4 мале патке
- 1-галон воде
- 1 лук, нарезан на четвртине
- 2 ребра целера
- 2 шаргарепе 2 ловорова листа 3 т. со
- 1 т. бибер

Гумбо:

- ¾ц. брашно
- ¾ц. уље
- 2 чена белог лука, млевено
- 1 шоља ситно сецканог лука
- ½ц. ситно исецканог целера
- 1ц. ситно исецкане зелене паприке
- 1 лб бамије исечене на комаде од ¼ инча
- 2 Т. сланине масти
- 1лб. сирове, ољуштене шкампе
- 1пт. остриге и алкохолна пића
- ¼ц. сецканог першуна
- 2 ц. кувани пиринач

УПУТСТВО:

а) Скин патке; кувајте у води са луком, целером, ловоровим листом, сољу и бибером око 1 сат или док пачје месо не омекша. Страин; скините сву маст и резервишите 3 четвртине залиха. Ако је потребно, додајте пилећи или говеђи бујон да добијете 3 литре темељца. Уклоните месо са трупа и комадића величине комадића; вратити на залихе. Залихе се могу направити дан пре прављења гумба.

За Гумбо:У великој холандској рерни направите тамно браон роук од брашна и уља. Додајте бели лук, лук, целер и зелени бибер; динстајте бамију на масноћи од сланине док не нестане сва жилавост, око 20 минута; одвод. У лонцу за супу загрејте темељац и полако умешајте мешавину руса и поврћа. Додати бамију; кувати поклопљено 1½ сата. Додајте шкампе, остриге и њихов ликер и кувајте још 10 минута. Умешајте першун и склоните са ватре. Исправите зачине и послужите преко врућег, меканог пиринча. Марке: 12.

19. Патки кари са ананасом

Прави 4-6 порција

САСТОЈЦИ

- 15 сушених дугих црвених чилија
- 1 кашика белог бибера у зрну
- 2 кашичице семена коријандера
- 1 кашичица семена кима
- 2 кашичице пасте од шкампа
- 5 црвених азијских љутика, сецканих
- 10 чена белог лука, сецканог
- 2 стабљике лимунске траве, само бели део, ситно исечене
- 1 кашика сецканог галангала
- 2 кашике сецканог корена коријандера
- 1 кашичица ситно рендане корице кафир лимете
- 1 кашика уља од кикирикија
- 8 младог лука (младог лука), исеченог дијагонално на 3 цм (1¼ ин) дужине
- 2 чена белог лука, згњечена
- 1 кинеска печена патка, исецкана на велике комаде
- 400 мл (14 оз) кокосовог млека
- 450 г (1 лб) конзервисаних комада ананаса у сирупу, оцеђених
- 3 листа кафир лимете
- 3 кашике сецканих листова коријандера
- 2 кашике сецкане менте

УПУТСТВО:

a) Потопите чили у кипућу воду 5 минута или док не омекша. Уклоните стабљику и семенке, а затим исецкајте.

b) У тигању на средње јакој ватри пропржите зрна бибера, семена коријандера, кима и пасту од шкампа умотане у фолију 2-3 минута или док не замирише. Оставите да се охлади.

c) Згњечите или самељите бибер у зрну, коријандер и ким у прах.

d) Ставите сецкани чили, пасту од шкампа и млевене зачине са преосталим састојцима кари пасте у машину за храну, или у малтер са тучком, и обрадите или истуците у глатку пасту.

e) Загрејте вок док се не загреје, додајте уље и мешајте да премажете страну. Додајте лук, бели лук и 2–4 кашике црвеног кари пасте и пржите 1 минут, или док не замирише.

f) Додајте комаде печене патке, кокосово млеко, оцеђене комадиће ананаса, листове кафир лимете и половину коријандера и нане. Пустите да проври, а затим смањите ватру и кувајте 10 минута, или док се патка не загреје и док се сос мало не згусне.

g) Умешајте преостали коријандер и менту и послужите.

20. Кари од патке са роштиља са личијем

Прави 4 порције

САСТОЈЦИ

i) 1 кашичица белог бибера у зрну

j) 1 кашичица пасте од шкампа

k) 3 дуга црвена чилија са семенкама

l) 1 црвени лук, грубо исецкан

m) 2 чена белог лука

n) 2 стабљике лимунске траве, само бели део, танко исечене

o) 5 цм (2 ин) комад ђумбира

p) 3 корена коријандера

q) 5 листова кафир лимете

r) 2 кашике уља

s) 2 кашичице млевеног коријандера

t) 1 кашичица млевеног кима

u) 1 кашичица паприке

v) 1 кашичица млевене куркуме

w) 1 кинеска патка са роштиља

x) 400 мл (14 оз) кокосове креме

y) 1 кашика обријаног палминог шећера (јаггери)

z) 2 кашике рибљег соса

aa) 1 дебела кришка галангала

bb) 240 г (8½ оз) конзервисаних печурака, оцеђених

cc) 400 г (14 оз) конзервисаног личија, исеченог на пола

dd) 250 г (9 оз) чери парадајза

ee) 1 шака тајландског босиљка, исецкана

ff) 1 шака листова коријандера

УПУТСТВО:

21. Пржите зрна бибера и пасту од шкампа умотане у фолију у тигању на средње јакој ватри 2-3 минута, или док не замирише. Оставите да се охлади.
22. Користећи малтер са тучком или млин за зачине, згњечите или самељите бибер у зрну у прах.
23. Здробљени бибер у зрну и шкампе са преосталим састојцима кари пасте ставите у машину за храну или у малтер са тучком и обрадите или истуците у глатку пасту.
24. Уклоните пачје месо од костију и исеците на комаде величине залогаја. Густу кокосову крему са врха плеха ставите у шерпу, кувајте на средњој ватри, повремено мешајући, и кувајте 5–10 минута, или док се смеса не „разцепи" (уље почне да се одваја).
25. Додајте пола кари пасте, палмин шећер и рибљи сос и мешајте док се палмини шећер не раствори.
26. Додајте патку, галангал, печурке од сламе, личи, резервисани личи сируп и преосталу кокосову крему. Пустите да проври, а затим смањите на лаганој ватри и кувајте 15-20 минута, или док патка не омекша.
27. Додајте чери парадајз, босиљак и коријандер. Сезона по укусу. Послужите када чери парадајз мало омекша.

21. Цевицхе од шкољки на жару

Прави: 8 порција

САСТОЈЦИ

- ¾ фунте Средњи шкампи, ољуштени и девеинед
- ¾ фунте морске капице
- ¾ фунте филета лососа
- 1 шоља парадајза исеченог на коцкице (коцкице 1/2 инча)
- 1 шоља манга исеченог на коцкице (коцкице 1/2 инча)
- 2 грејпфрута, ољуштена и сегментирана
- 3 поморанце, ољуштене и сегментиране
- 4 лимете, ољуштене и сегментиране
- ½ шоље црвеног лука исеченог на коцкице (коцкице 1/2 инча)
- 2 Јалапеноса, млевена
- 4 шоље свежег сока од лимете
- 1 шоља сецканог цилантра
- 2 кашике шећера
- Сол и млевени бибер

УПУТСТВО:

a) У великој нереактивној посуди помешајте капице, лососа, шкампе, парадајз, манго, лук, јалапено и сок од лимете.

b) Маринирајте, ставите у фрижидер 3 сата.

c) Извадите из маринаде и пеците рибу и шкољке на роштиљу, тек толико да остану трагови на жару 30-60 секунди.

d) Исеците сву рибу на коцкице од ½ инча.

e) Непосредно пре сервирања оцедите што је могуће више сока од лимете из воћа, додајте цилантро, шећер, шкољке и лосос. Лагано мешајте пазећи да не разбијете воће и рибу.

22. Цевицхе од ђумбира од шкампа преко јапанског јечма

Прави: 1 порција

САСТОЈЦИ

- 1 паковање Дрвени ражњићи; (6 до 8 инча)
- 20 медијума Шкампи огуљени; девеинед анд хеадед, до 24
- 4 лимеса; Сок од
- 4 лимуна; Сок од
- ⅓ шоље сока од поморанце
- 3 кашике сецканог белог лука
- Комад свежег ђумбира од 1 2 инча наренданог и резервисан сок
- 1 кашичица пахуљица црвене паприке
- ¼ шоље текиле
- 10 унци јапанског јечма
- ½ шоље младог лука исеченог танко и исеченог на угао
- 3 кашике соја соса
- 3 кашике Мирин
- 2 кашике сусамовог уља
- Со и бибер
- 1 пинта или 16 унци уља од кикирикија
- 2½ кашичице пахуљица црвене паприке; до 3
- 1 кашика сецканог белог лука
- 3 кашике соја соса
- 4 кашике вустерширског соса
- 3 кашике пиринчаног винског сирћета
- 1 кашичица гранулисаног шећера; до 2
- 1 краставци очишћени и ољуштени за украс; до 2

УПУТСТВО:

a) Ражња шкампе тако што ћете прво пробити реп, а затим кроз област главе. Ставите у плитку посуду за печење или тепсију.

b) Помешајте сокове, бели лук, ђумбир, љуспице црвене паприке и текилу и сипајте мешавину преко шкампа које леже у посуди за печење. Покријте и оставите да се осуши преко ноћи. Готов производ ће изгледати бело, не провидно и чврсто.

c) У сланој води скувати јечам према упутству на врећици. Кувајте и процедите, а затим исперите хладном водом. Ставите у чинију и додајте лук, соја сос, мирин и сусамово уље и бaците. Додајте со и бибер да уравнотежите укус.

ВИНЕГРЕТ ОД ЦРВЕНОГ ЧИЛИ УЉА:

d) Загрејте уље на 140 степени Ф, додајте пахуљице црвене паприке, промешајте и оставите да одстоји 2 сата.

e) У процесору за храну или чинији са мутилицом помешајте бели лук, соја сос, вустер сос, пиринчано винско сирће и шећер и почните полако да додајете чили уље док смеса не постане мало густа.

f) Краставце исеците на кришке и ставите их изван тањира и додајте јечам у средину. Положите ражњиће од шкампа преко јечма и помоћу кутлаче покапајте винаигрет на посуде.

23. Тости Цевицхе

САСТОЈЦИ

- Шкампи средње величине од 72 оз
- 5-6 средњег авокада
- 2 краставци
- 1/2 лука
- 2 парадајза
- 3 Јалапено паприке
- 1 сноп цилантро
- 10-12 сок од лимете
- 15-30 оз мајонеза (по вашем укусу)
- 6 кесица зеленог или љубичастог Тоститос чипса
- 1 Валентина љути сос

УПУТСТВО:

a) Скините реп са шкампа
b) Исеците авокадо, краставце, парадајз, лук и паприку на мале квадрате
c) Исеците цилантро
d) У чинију додајте све састојке и додајте мајо по свом укусу и додајте Валентина љути сос за још мало зачина
e) Користите Тоститос чипс и уживајте

24. Цевицхе Ецуаториано

САСТОЈЦИ
- 1,5 фунти шкампи (очишћени, огуљени) 40-50 шкампи
- 1,5 шоље црвеног лука
- 1/2 шоље сока од лимете
- 1 шоља сока од поморанце
- 1/4 шоље сецканог цилантра
- 1 кашика сенфа
- 2 кашике кечапа
- 1 конзерва парадајза исецканог на коцкице (14,5 оз)
- 1/4 кашике соли
- 3 плантаинс
- Цимет

УПУТСТВО:
a) Кувана вода са сољу, бибером и белим луком
b) Када почне да кључа ставите шкампе 5 минута
c) Извадите шкампе и ставите их у посуду са хладном водом и ставите у фрижидер на 10 минута
d) Сачувајте мало воде коју сте користили за кување шкампа (3 шоље)
e) Помешајте у чинији лук, сок од лимете и со
f) У блендеру измиксати: оцеђени парадајз, сок од поморанце, кечап, сенф, цилантро и уље.
g) Комбинујте све заједно и уживајте
h) Плантаине исећи и ставити мало уља и цимета (пржити на ваздуху 12-14 минута на 400 степени)

25. Схримп Цевицхе Цоцктаил де Цамерон

САСТОЈЦИ

- 1 лб шкампи
- 1/4 шоље лимуновог сока
- 1/2 шоље сока од лимете
- по потреби Сок од 1 свежег лимуна
- 3 мала парадајза или 2 средње величине, уклоњено семе и исечено на коцкице
- 1 мали лук, ољуштен и исечен на коцкице
- 1 шоља сока од наранџе мандарине (или обичног сока од поморанџе)
- 1/2 шоље кечапа
- 1/4 шоље свежег цилантра, сецканог
- 1/8-1/4 шоље исеченог или исеченог на коцкице Јалапена,
- Цртице Млевена црвена паприка, по укусу
- Црни бибер, по укусу
- по укусу Со, 1/4 кашичице или количина по жељи
- по потреби Слана вода за кување
- 2 мала авокада, огуљена, уклоњена семенка и авокадо исечен на коцкице

УПУТСТВО:

a) У лонцу загрејте слану воду да проври. Искључите ватру и одмах додајте огуљене и очишћене шкампе. Оставите 2-3 минута, док шкампи не постану непрозирни, а затим их уклоните, оцедите и оставите на страну 10 минута док се не охладе.

b) Када се охладе, исеците шкампе на делове од 1/2 инча, додајте их у чинију са парадајзом исеченим на коцкице, луком, јалапеносом, лимуновим соком, соком од лимете, соли, паприком и кечапом.

c) Додајте сок од поморанџе/мандарине, помешајте све састојке и покријте пластичном фолијом. Ставите у фрижидер најмање 1 сат, а пожељно 3+ сата

d) Тортиље од брашна/кукуруза исеците на чипс и убаците у претходно загрејано уље на 350°Ф, пржите 2-4 минута, док не буду златне или жељене готовости. Одмах посолите, оцедите тако што ћете окачити корпицу да капље или бацање чипса на тањир обложен папирним пешкиром

е) Извадите мешавину шкампа из фрижидера, додајте свеже исечен авокадо, промешајте и сервирајте. Може послужити у чинији или елегантном стаклу. Тортиље сервиране са стране!

26. Шкампи у ружичастој соли са нежним цевицхеом од кокоса

САСТОЈЦИ

ЗА шкампе

- 300 грама шкампа, опраних, огуљених, реп и глава нетакнути
- 2-3 кришке лимете
- 1 кашичица целог црног бибера у зрну
- 1 штапић цимета
- 2 ловорова листа
- 2-3 зелена кардамома

ЗА ЦЕВИЦХЕ

- 1/2 шоље кокосовог млека
- 1 сок од лимете
- 2-3 зелена и црвена чилија нарезана
- 1 лук нарезан на врло ситно
- по укусу Ружичаста со
- по потреби Маслиново уље за украшавање

УПУТСТВО:

a) Узмите шкампе и добро их оперите. Огулите, одржите главу и реп нетакнутим. У велики лонац додајте воду, кришке лимете, додајте ловоров лист, цимет, кардамом, цела зрна црног бибера и прокувајте. Додајте шкампе и угасите ватру. Оставите да се пече 3-5 минута. Испразните воду и додајте рибу у плех и оставите у фрижидеру 5 минута

b) У чинију додајте кокосово млеко, сок од лимете, нарезани лук, нарезане зелени и црвени чили, ружичасту со. Маринирајте рибу у кокосово млеко 15 минута. Поново ставите у фрижидер на 15 минута

c) Тањир и украсите маслиновим уљем

27. Цевицхе од рибе и шкампа

САСТОЈЦИ

- 1 сирова риба без кости (тилапија / сабљарка)
- 8-10 ком сирових шкампи
- 6 ком креч
- 1 ком лимуна
- 1 парадајз средње величине (исеците на мале комаде)
- 1 јалапењо (млевено)
- 1 црвени лук средње величине (нарезан на мале комаде)
- 1/2 авокада (исеците на мале коцкице)
- 1 / шоље млевеног коријандера
- Со
- Бибер
- Серано бибер (млевена) по жељи

УПУТСТВО:

a) Рибу и шкампе исеците на коцкице. Ставите у посуду велике величине

b) Исцедите лимету и лимун и помешајте са рибом и шкампима у чинији. Уверите се да су морски плодови потпуно покривени. За то можете додати још лимете.

c) Додајте лук. Добро промешати. Покријте пластичном фолијом и ставите у фрижидер на 1 1/2 сата. Плодови мора ће се кувати у кречу. То ће променити боју.

d) После 1 1/2 сата, проверите да ли су сви морски плодови променили боју. Значи да је већ кувано.

e) Када је готово, додајте парадајз, авокадо, цилантро, јалапењо бибер и серано бибер (опционо, ако желите да буде љуто). Добро промешати. Зачините сољу и бибером.

f) Послужите са тортиља/начо чипсом. Најбоље ако се служи хладно.

28. <u>Цевицхе коктел стил 1990</u>

САСТОЈЦИ

- 4 шоље Џламато (хладно)
- 1/2 шоље ситног слатког лука на коцкице
- 1 велики авокадо на коцкице
- 1 краставац на коцкице
- 2 шоље ољуштених, спремних за јело, шкампи исечених на коцкице
- 1/2 шоље финог коријандера на коцкице
- 1 лимун/лајма (цеђен)
- по укусу со / бибер
- 1/4 шоље зеленог лука исеченог на коцкице
- 1 кашика финог јалапења на коцкице

УПУТСТВО:

a) Помешајте све састојке у стаклену или пластичну посуду, добро промешајте и уживајте!

29. Цевицхе од бакалара, ахи и наследног парадајза

САСТОЈЦИ

- 1 црвени лук добре величине, ситно исецкати
- 3 ЛГ јалапења, из семена и млевених
- 2 жута парадајза, сецкана
- 2 брендивин парадајза, исецкана
- 3/4 лб 51-60 цоунт куваних шкампи ољуштених и очишћених од репа
- 2 кашике млевеног белог лука
- 1 гомила коријандера, сецкана
- 1 кашичица кима
- 1 кашичица чили праха
- 1-2 кашике кошер соли по укусу
- Сок од 4 велике лимете
- 1 1/2 лбс. бакалар, исечен на комаде величине залогаја
- 4 оз ахи филе туне, исечен на комаде величине залогаја
- Преливи
- Исецкани цхеддар сир
- Рендани котија сир
- Љути сос
- Тостада шкољке

УПУТСТВО:

a) Комбинујте обе врсте рибе и сок од лимете у чинији. Оставите у фрижидеру пола сата. Често мешајте

b) Помешајте остале састојке осим прелива у другој великој посуди. Добро промешати.

c) После пола сата риба треба да буде непрозирна. Помешајте у другу чинију укључујући сок. Добро промешати. Оставите у фрижидеру пола сата.

d) Поново добро промешати. Ставите тостаду шкољку. Одозго са цевицхеом. Додајте чедар и котију. Прелијте љутим сосом. Послужите одмах. Уживати.

30. Цевицхе де цамаронес

САСТОЈЦИ

- Полукувајте шкампе од 1 фунте
- 1/2 шоље парадајз соса
- 1/2 шоље мајонеза
- 1 кашика исецканог цилантра
- 1/4 црвеног лука исецканог
- 3 лимете
- Сол и бибер по укусу

УПУТСТВО:

a) Помешајте парадајз сос и мајонез.

b) Оставите шкампе да се прже 2-3 минута и извадите их

c) Вода за печење.

d) Помешајте све остале састојке у посуди.

e) Затим додајте шкампе и поново промешајте.

f) Ставите сву смесу у чинију и спремна је за сервирање и уживање.

31. Цевицхе од шкампа и такос од авокада или умак

САСТОЈЦИ

- 1 кашика корице лимете (око 2 лимете)
- 1/4 шоље сока од лимете (око 2 лимете)
- 1 кашичица соли
- 1 шоља парадајза исеченог на коцкице
- 1 шоља авокада ољуштеног и исеченог на коцкице (око 2 авокада)
- 1/2 шоље цилантро
- 1 лб куваних шкампа
- 10 тортиља
- 1 кесица чипса од лимуна у ресторанском стилу Тоститос

УПУТСТВО:

Комбинујте све састојке у великој посуди за мешање (осим тортиља/чипса).

Покријте и ставите у фрижидер најмање 15 минута

Ставите мешавину на тортиље или користите чипс да једете мешавину.

32. Соутхвестерн Цевицхе

САСТОЈЦИ

ЗА ПЛОДОВИ МОРА

- 2 (16 оз) вређице ЕКС Ларге Схримп
- 2 (16 оз) кесице имитације меса ракова на пари
- 1 (16 оз) вређа сирове мале капице
- 10 оз свеже сирове туњевине

ЗА ПОВРЋЕ И ВОЋЕ

- 1 шоља ЕКС ЛГ ЕКС чврсти парадајз [очишћен од семена - исечен]
- 2 шоље ЕКС чврстих краставаца [ољуштених - без семена]
- 1 шоља зелене паприке [очишћене од семена - ситно сецкане]
- 1/2 шоље жуте паприке [очишћене од семена - ситно сецкане]
- 1/2 шоље црвене паприке [очишћене од семена - ситно сецкане]
- 1/2 шоље наранџасте паприке [очишћене од семена - ситно сецкане]
- 1 шоља целера [ситно сецканог - са листовима]
- 1 шоља слатког лука Видалиа (ситно сецканог)
- 1 шоља црвеног лука (ситно сецканог)
- 1/2 шоље зеленог лука [ситно сецканог]
- 1 шоља ротквице [нарезане]
- 1 шоља Јалапеноса [фино млевеног]
- 1 шоља Анахеим Греен Цхилиес [ситно сецкани]
- 1 средњи сок од лимете + корица [+ 1/4 шоље сока од лимете резервисано]
- 1 средњи лимунов сок + корица
- 1 средње сок од поморанџе + корица
- 1 ЛГ гомила листова цилантро [исецкан - без стабљика]
- 1 ЛГ гомила першуновог лишћа [исецкан - без стабљике]

ЗА СОКОВЕ, БИЉЕ И ЗАЧИНЕ

- 1 кашика мексичких или традиционалних нити шафрана
- да пробате Табаско сос [користимо најмање пола флаше]
- 1 1/2 кашике ситно млевеног белог лука

- 1 кашика вустерширског соса
- 1 кашичица црног бибера
- 1 кашичица мексичког оригана [згњеченог]
- 1 кашичица италијанских зачина
- 1 кашичица млевеног кумина
- 1 кашичица кајенског бибера
- по потреби охлађен сок од кламатоса [протресен]
- 1 Гоод Спласх расхлађени зачињени B8 сок [протресен]

УПУТСТВО:

a) Ставите сецкани лук, јалапењос, све паприке и Анахеим паприке у посебну посуду на тридесет минута у фрижидеру. Додајте сок и корицу једне лимете, једног лимуна и једне поморанџе у обе зачине и кувајте тврдо поврће.

b) Нежно помешајте све поврће заједно. Додајте још 1/4 шоље сока од лимете.

c) Додајте свој Џламато [довољно да покрије поврће] и добро прскање Спици В8 сока. Такође, додајте све своје зачине. Опет, нежно добро промешајте. Не желите да покварите своје свеже поврће.

d) Свежи шкампи, капице, месо ракова и туњевина одмрзнути на слици. Репови уклоњени са шкампа. Немојте користити право месо ракова осим ако не планирате да се цела чинија поједе за једно поподне или вече. У супротном, ваш цевич ће ићи на југ дупло брже. Чак и док је у фрижидеру. Такође ће вам замутити супу.

e) Додајте све своје поврће и морске плодове, плус додатне Џламато и Табасцо ако је потребно да потпуно покријете састојке.

f) Нежно све добро преклопите. Немојте додавати авокадо у своју главну чинију. Увек их сервирајте са стране. У супротном, замутити ће вашу чорбу. Охладите 3 сата. Знајте да ће ово јело бити боље док се одмара и хлади. Чак и 3 дана касније. Повремено лагано промешајте.

g) Послужите уз квалитетне крекере, тортиље од брашна, додатни табаско сос, кришке свежег авокада и ледено хладно мексичко пиво.

33. Лао Стиле Спици Схримп Цевицхе

САСТОЈЦИ

1 лб некуваних шкампи
1 шоља свежег сока од лимете
1/2 шоље сецканог цилантра
1/2 шоље сецканог младог лука
2 кашике ферментисаног соса од инћуна
2 кашичице рибљег соса
1/3 шоље печеног белог пиринча
4 комада сушеног тајландског чилија
мента (гарнир)

УПУТСТВО:

Ситно исецкајте и исперите сирове шкампе у средњу чинију и додајте сок од лимете на врх. Промешајте и покријте пластичном фолијом. Оставите у фрижидеру 30 минута мешајући сваких 15 минута.

У малом тигању, лагано пеците некувани бели пиринач до смеђе боје. Додајте у блендер са сушеним тајландским чилијем и грубо измиксајте.

Након што се шкампи стегну 30 минута, исцедите све сокове од шкампа у мали загрејани тигањ. Умешајте сос од ферментисаних инћуна док се не редукује. Наставите да мешајте око 7-10 минута или док се не згусне.

Додајте редукцију у посуду са шкампима и умешајте остале састојке. Украсите листићима менте и уживајте!

34. Оштри шкампи од лајма и севичи од авокада

САСТОЈЦИ

- 1 лб куваних шкампа (ољуштених и очишћених)
- 1 Хасс авокадо (на коцкице)
- 1 средњи парадајз (на коцкице)
- 1 кашика цилантро (исецкан)
- 1/2 шоље црвеног лука (на коцкице)
- 3 лимете, сок од
- 1 кашичица маслиновог уља
- 1 Сол и бибер по укусу
- 1 зелена салата (опционо)

УПУТСТВО:

a) Сакупите све састојке

b) У малој чинији помешајте сецкани црвени лук, сок од лимете, маслиново уље и прстохват соли и бибера.

c) Оставите их да се маринирају најмање 5 минута како би се ублажио укус лука.

d) У великој посуди помешајте сецкане шкампе, авокадо и парадајз. Комбинујте све састојке, додајте цилантро и лагано промешајте. Посолите и побиберите по укусу.

e) ОПЦИОНАЛНО: Прелијте своју омиљену зелену салату цевичеом. Одличан укус!

35. Раинбов Цевицхе

САСТОЈЦИ

- 5 лб шкампи, огуљени и без вена
- 1 лб имитације меса ракова
- 5 лб свежег лимете
- 5 малих авокада
- 2 велика краставца
- 2 велика полузрела парадајза
- 2 цилантро
- 1 зелена паприка
- 1 црвена паприка
- 1 жута паприка
- 1 црвени лук
- 1 бели лук
- Со и бибер

УПУТСТВО:

a) Оперите у хладној води. Ако је замрзнут, одмрзните природно. Не одмрзавајте у микроталасној пећници или у топлој води.

b) Оперите топлом водом два пута. Ручно растргајте на комаде. Помешајте са одмрзнутим шкампима и оставите на страну. Држати у фрижидеру.

c) Потпуно исцедите сок. Водите рачуна да пулпа буде одвојена. Помешајте сок од лимете са месом шкампа и ракова. Уверите се да су месо шкампа и ракова потпуно натопљено соком од лимете. Држите га покривено и у фрижидеру.

d) Припремите поврће и авокадо. Исеците на уједначене комаде квадратне величине. Нарежите листове цилантра на ситне комаде, искључујући стабљике. Помешајте исечено поврће, авокадо и цилантро у посебној посуди. Држите га покривено и у фрижидеру.

e) Када се боја шкампа промени у светло наранџасту, шкампи су спремни. Помешајте чинију меса шкампа и ракова са посудом поврћа.

f) Мало посолите и побиберите. Ако је кисело по укусу, додајте још соли и/или бибера по потреби. Преливен ренданом кором поморанџе као украс.

g) Послужите хладно уз тостаде (или жељене алтернативе). Подсетник да се чува у фрижидеру како би се спречило брзо кварење.

36. Орегон шкампи месо Цевицхе

САСТОЈЦИ

- 2 краставца, сецкана
- 5 средњих парадајза, сецканих
- 1 црвени лук, исечен на коцкице
- 2 до 3 млевена јалапења
- 4 авокада на коцкице
- 1 гомила коријандера, сецкана
- 2 кашике млевеног белог лука
- 2 кашичице соли
- 1/2 шоље сока од поморанџе
- 1/4 шоље лимуновог сока
- 1/4 шоље сока од лимете
- 2 лб Орегон месо шкампа (долази претходно кувано)

УПУТСТВО:

a) Све потребне састојке исецкати, исецкати и исецкати на коцкице.
b) Комбинујте све у нереактивној посуди.
c) Пустите да се сви укуси споје најмање 4 сата.
d) Послужите на тостадама, тортиља чипсу или крекерима.

37. шкампи и шкољке Цевицхе

САСТОЈЦИ

- 1 шоља куваних шкампа средње величине
- 1 шоља куване чисте шкољке
- 1 оз исецканог природног кокоса
- 1 шоља природног лимуновог сока
- 1/4 шоље природног сока од поморанџе
- 2 кашике исецкане шаргарепе
- 3 кашике белог јулијанског лука
- 1 кашика сецканог целера
- 1 кашичица кокосовог крема
- 1/4 шоље кокосовог уља за заслађивање
- 1 морска со
- Кумин

УПУТСТВО:

a) Очистите шкампе и ц

b) Кувајте шкампе и шкољке у води 1,30 минута или док се савршено не скухају

c) Ставите шкампе и шкољке кроз термички шок у ледено хладну воду да зауставите процес кувања

d) Ставите шкампе и шкољке у посуду за мешање

e) Додајте морску со и Цумминс и зачине по укусу са лимуновим соком и соком од поморанџе

f) Додајте лук, целер и шаргарепу

g) Пустите их да се мешају око 2 минута

h) Затим пренесите све састојке у другу посуду за мешање без сока који нам је потребан само да бисмо имали укус

i) Затим додајте кокосову крему, исецкани кокос и заслађено кокосово уље

38. карипски зачињени цевич

САСТОЈЦИ

МАРИНАДА

- 1/2 кашичице шећера
- 1/2 кашичице соли
- 1/4 кашичице млевеног црног бибера
- 1 љути сос по укусу
- 2 оз свежег сока од лимете
- 2 оз свежег лимуновог сока
- 4 оз свежег сока од поморанџе

ГАРНИСХЕС

- 4 оз парадајза засејеног и исеченог на коцкице 1/4 инча
- 2 оз зелене/црвене паприке са семеном, нарезане на коцкице 1/8 инча
- 2 оз црног лука, исецканог 1/8 инча, затим испрати са сат времена воде и оцедити
- 2 кашике млевених листова цилантра
- 2 кашике млевеног першуна
- 2 серано паприке без семена ситно исечене на коцкице
- 2 јалапено паприке ситно исечене са семеном
- 5 хабанера без семена ситно исечених на коцкице

СХЕЛЛФИСХ

- 32 оз кипуће воде
- 1 зелени лук, бели део и 1 инч зеленог нарезаног
- 20 Шкампи огуљени и девеинед
- 12 оз Дагње, очишћене и без браде
- 12 беба шкољки
- 6 оз капице, испране
- 2 оз белог вина
- 1 оз љутике исечене на коцкице
- 1 тостадас или тортиља чипс

УПУТСТВО:

Добро измешати састојке за маринаду у фрижидеру

Припремне украсе оставите по страни

Ставите воду да проври, оставите да се кува 5 минута

Додајте шкампе у тек скувану воду и уклоните их и охладите да не постану гумени

Вратите течност да проври и додајте капице и склоните са ватре оставите да одстоји 3 минута

Исеците капице, требало би да буду млечно беле у средишњем одводу и исперите под дечјом водом.

Комбинујте шкољке, дагње, вино и љутику у тигању и кувајте на пари док се све шкољке не отворе и баците све неотворене шкољке

Одбаците шкољке и нарежите све шкољке (шкампи, капице, дагње и шкољке)

Добро помешајте маринаду, шкољке и украсе и оставите у фрижидеру најмање два сата. Пре сервирања проверите зачине

39. Суммер Цевицхе

САСТОЈЦИ

- 1 краставац - исецкани
- 2 шоље зеленог купуса - нарезаног
- 1 слатки лук
- Шкампи од 2 лб - мали/средњи
- 2 лб рака
- 8 Лимета - сок
- 1 ромски парадајз
- По 1: авокадо - мале коцке
- 3 шкољке Тостада (паковање 30)
- 1 порција љутог соса
- 2 Јалапено
- 1 серрано
- 1 шоља сецканог цилантра

УПУТСТВО:

a) Припремите сву храну како је наведено. У чинију додајте шкампе, куване ракове и лимету.
b) Оставите да се кува 30 минута.
c) Додајте све остале састојке и добро промешајте. Користите љути сос по укусу и шкољке тостаде да једете као кашиком.

40. Севицхе од шкампи и ракова

САСТОЈЦИ

- 2 лб очишћених и очишћених шкампа
- 1 велико паковање имитације ракова
- 12 ромских парадајза
- 1 љубичасти лук
- 2 везе цилантро
- 2 јалапеноса
- 2 краставца
- 6 лимуновог сока
- 1 љути сос
- 2 кашичице соли од белог лука по укусу
- 3 кашичице соли по укусу

УПУТСТВО:

a) Почните тако што ћете своје шкампе кувати до ружичасте боје и око 6-7 минута. Када завршите, ставите лонац у замрзивач и оставите да се охлади и све.

b) Исеците поврће на пола и пулсирајте мало по мало ротирајући со, а затим посолите бели лук. док се све ситно не исецка. Ако то радите ручно, ситно исецкајте све поврће и додајте у велику чинију. Додавање по мало зачина.

c) сада ваш рак такође можете пулсирати или исецкати ручно или ситно исецкати по вашем избору. Додати у смешу

d) Махунарке или ситно исецкане шкампе додајте у смесу. Можете оставити неке шкампе целе за жељени ефекат. Сада додајте охлађени процеђени темељац од шкампа у смешу.

e) Додајте сок од лимете и љути сос по жељи добро промешајте

f) Послужите одмах или охладите.

41. Манго шкампи Цевицхе

Марке: 6

САСТОЈЦИ
1 лб Средњег квалитета шкампи, девеинед и коцкице
Сок од 3 велике лимете
1 шоља парадајза, исецканог на коцкице
3/4 шоље цилантро, сецканог
2/3 шољице ананаса, оцеђених (4 оз)
2/3 шоље свежег манга, исеченог на коцкице (1 мали манго)
1/2 шоље белог или зеленог лука, исеченог на коцкице
1 1/2 кашике. Свјежи лук, мљевени
3/4 кашичице соли
Бибер по укусу
1 авокадо, исечен на коцкице

УПУТСТВО:
У великој посуди помешајте шкампе и сок од лимете. Оставите у фрижидеру 30-45 минута, док шкампи не постану бели.
Док се шкампи "кувају", помешајте све састојке до авокада. Покријте и ставите у фрижидер док не будете спремни за употребу.
Када су шкампи готови, оцедите сок од лимете. Мало стисните шкампе да бисте били сигурни да је сав вишак нестао.
Додајте шкампе, заједно са авокадом, у чинију и добро промешајте. Зачините по укусу сољу и бибером.

42. Цевицхе Де Цамарон Сонора Стиле

Прави: 4 порције

САСТОЈЦИ

a) 1 лбс. сирове шкампе (смрзнуте или свеже) ољуштене и девеиниране
b) Сок од лимете - око 5 лимета или више по потреби
c) 1 краставац - исечен на мале коцкице
d) ⅓ белог средњег лука
e) 2 мала парадајза - исецкана на коцкице
f) 2 серано или јалапено паприке (или једна од сваке) ситно исецкане - семенке по жељи
g) ⅓ шоље свежег коријандера ситно исецканог
h) 1 шоља кламато сока или В8 сока од парадајза
i) Со и бибер по укусу
j) 1 авокадо исечен на мале коцкице
k) Кечап по укусу опционо

УПУТСТВО:

a) Исеците шкампе на мале комаде и ставите у пластичну или стаклену посуду
b) Додајте сок од лимете пазећи да су сви шкампи прекривени њим (ако је потребно додајте још сока од лимете).
c) Покријте шкампе и оставите у фрижидеру најмање три сата (најбоље преко ноћи).
d) Помешајте све поврће и оставите у фрижидеру.
e) Када су шкампи скувани (биће ружичасти), додајте поврће, кламато сок, со и бибер и добро промешајте.
f) Послужите уз тостаде, слане слатке или тортиља чипс. Додајте мало кечапа у личне порције ако одлучите да користите било који.

43.   Авокадо шкампи Цевицхе-Естилло Сарита

Марке: 4

САСТОЈЦИ

- 2 фунте великих шкампа - огуљених, огуљених и исецканих
- ¾ шоље свежег сока од лимете
- 5 ромских (шљива) парадајза, исечених на коцкице
- 1 бели лук, исецкан
- ½ шоље сецканог свежег цилантра
- 1 кашика Ворцестерсхире соса
- 1 кашика кечапа
- 1 кашичица соса од љуте паприке
- со и бибер по укусу
- 1 авокадо - огуљен, без коштица и исечен на коцкице
- 16 сланих крекера

УПУТСТВО:

a) Ставите шкампе и сок од лимете у велику посуду и промешајте да се премаже. Оставите да одстоји око 5 минута, или док шкампи не постану непрозирни. Сок од лимете ће их скувати. Помешајте парадајз, лук и цилантро док не буду премазани соком од лимете; поклопите и ставите у фрижидер 1 сат.

b) Извадите из фрижидера и умешајте ворчестер сос, кечап, љути сос, со и бибер.

c) Послужите у стакленим посудама и прелијте комадићима авокада. Поставите додатни Вустершир сос, кечап, кришке лимете и љути сос како би људи могли да индивидуализују своје јело. Послужите са сланим крекерима.

44. Синалоа-Стиле Цевицхе

Марке: 10

САСТОЈЦИ

3 фунте сирових шкампа - ољуштених, очишћених и исечених на мале комаде
½ белог лука, ситно исецканог
14 лимета, исцеђених, подељених
1 серано чили бибер
1 фунта имитације меса ракова, исецканог
3 парадајза са семенкама и ситно исецканим
1 краставац, без семена и ситно исецкан
½ црвеног лука, танко исеченог
4 јалапено паприке, нарезане
1 гомила коријандера, сецкана
½ шоље коктела од парадајза и сока од шкољки (као што је Цламато®)
со и млевени црни бибер по укусу

УПУТСТВО:

Комбинујте шкампе, бели лук и сок од 7 лимуна у великој посуди. Покријте пластичном фолијом и ставите у фрижидер док шкампи не постану непрозирни, око 12 сати. Оцедити, одбацити накупљене сокове.

Помешајте сок од преосталих 7 лимета са серано чили бибером. Сипајте у велику посуду.

У чинији помешајте мешавину шкампа и лука, месо ракова, парадајз, краставац, црвени лук, јалапено паприке и цилантро. Умешајте коктел од парадајза и сока од шкољки. Зачините сољу и црним бибером.

45. <u>Сеафоод Медлеи Цевицхе</u>

Марке: 8

САСТОЈЦИ

- ½ фунте капице, исечене на мале комаде
- ½ фунте шкампа, исечених на мале комаде
- ½ фунте тилапије, исечене на мале комаде
- 2 средња лимуна, исцеђена
- 2 средње лимете, исцеђене у соку
- 1 средња наранџа, исцеђена
- 1 средња серано паприка, нарезана на коцкице
- 1 средњи авокадо, исечен на коцкице
- 1 средњи парадајз, засејан и исечен на коцкице
- ½ средњег краставца, ољуштеног и исеченог на коцкице
- ½ средњег црвеног лука, исеченог на коцкице
- ⅛ шоље сецканог свежег коријандера
- 4 чена белог лука, млевеног
- ¼ шоље коктела од парадајза и сока од шкољки
- 2 кашике белог винског сирћета
- 1 кашичица соли
- 1 кашичица лимун-бибер зачина
- ½ кашичицс Ворцестерсхире соса
- ¼ кашичице млевеног белог бибера

УПУТСТВО:

a) Комбинујте капице, шкампе, тилапију, лимунов сок, сок од лимете, сок од поморанџе и серано бибер у великој посуди. Покријте и оставите у фрижидеру 1 сат, повремено мешајући.

b) У средњој посуди помешајте авокадо, парадајз, краставац, црвени лук, цилантро и бели лук.

c) У малој посуди умутите сок од парадајза и шкољке, сирће, со, зачин од лимуна и бибера, вустерширски сос и бели бибер. Прелијте преко мешавине авокада и промешајте да се сједини.

d) Оцедите мало сокова од цитруса из мешавине морских плодова. Додајте мешавину сока од авокада и парадајза и промешајте да се сједини. Оставите у фрижидеру још 20 минута пре сервирања.

46. Блооди Мари Цевицхе

Марке: 8

САСТОЈЦИ

- 1 фунта куваних, огуљених и очишћених шкампа
- 1 фунта ромског (шљива) парадајза, сецканог
- ½ црвеног лука, сецканог
- 1 краставац, исецкан
- 1 гомила коријандера, сецкана
- ¾ шоље флаширане мешавине Блооди Мари
- 2 лимеса
- сос од љуте паприке по укусу
- сол и црни бибер по укусу

УПУТСТВО:

a) Лагано помешајте шкампе, парадајз, црвени лук, краставац и цилантро у чинији и сипајте Блооди Мари мешавину.

b) Исцедите лимун преко смесе, додајте мало љуте паприке и поспите сољу и бибером.

c) Поново промешајте, покријте посуду и оставите у фрижидеру 3 до 4 сата, повремено мешајући.

47. Тилапиа и шкампи Цевицхе Сасхими

Марке: 6

САСТОЈЦИ

- 8 унци свеже тилапије, исечене на мале коцкице
- 8 унци куваних шкампа, уклоњених репова, исечених на мале комаде
- 4 кашике дресинга од риже за суши
- 1 шоља ананаса исеченог на коцкице
- Сок од 1 лимете
- 1 мала јалапено чили паприка, уклоњена семена, ситно исецкана
- ½ кашичице млевеног белог лука
- ¼ мале црвене паприке, ситне коцкице
- 4 кашичице млевеног зеленог лука, само зелени делови
- 4 гранчице свежег листа коријандера, исецкане
- Чипс од трпутца, за сервирање

УПУТСТВО:

a) Комбинујте тилапију и шкампе у средњој неметалној посуди. Додајте преостале састојке и добро промешајте.

b) Оставите у фрижидеру најмање 1 сат пре сервирања. Да бисте послужили, понудите чипс од трпутца са стране да бисте га користили као јестиве кашике.

48. Америцан Цевицхе

САСТОЈЦИ

- 1 пакет куваних средњих шкампи
- 2 паковања имитације ракова
- 5 парадајза, исецканих на коцкице
- 3 средња (празна) авокада
- 1 енглески краставац
- 1 црвени лук, исечен на коцкице
- 1 гомила коријандера, сецкана
- 4 лимете, исцеђене у соку
- 2 јалапењо паприке,
- 2 чена белог лука, пресована
- 1 флаша коктела од парадајза и сока од шкољки
- 1 прстохват соли и млевени црни бибер

УПУТСТВО:

● Помешајте шкампе, имитацију ракова, парадајз, авокадо, краставац, црвени лук, цилантро, сок од лимете, јалапењо паприке и бели лук заједно у посуди са поклопцем; салату прелити коктелом од парадајза и сока од шкољки и промешати. Зачините по укусу сољу и црним бибером.

● Оставите салату да се маринира преко ноћи у фрижидеру; поново промешати пре сервирања.

49. Авокадо шкампи Цевицхе

САСТОЈЦИ

a) Велики шкампи од 2 фунте - огуљени

b) 3/4 шоље свежег сока од лимете

c) 5 шљива парадајза

d) 1 бели лук, исецкан

e) 1/2 шоље сецканог свежег цилантра

f) 1 кашика Ворцестерсхире соса

g) 1 кашика кечапа

h) 1 кашичица соса од љуте паприке

i) 1 прстохват соли и бибера по укусу

j) 1 авокадо - огуљен, без коштица и исечен на коцкице

k) 16 крекера слани крекери

УПУТСТВО:

50. Ставите шкампе и сок од лимете у велику посуду и промешајте да се премаже. Нека су свакако симбол око 5 минута, или док шкампи не постану непрозирни. Помешајте парадајз, лук и цилантро док не буду премазани соком од лимете; поклопите и оставите у фрижидеру само један сат.

51. Извадите из фрижидера и умешајте ворчестер сос, кечап, љути сос, со и бибер.

52. Послужите у стакленим посудама и прелијте комадићима авокада. Направите додатни Вустершир сос, кечап, кришке лимете и љути сос за људе да индивидуализују своје јело. Послужите са сланим крекерима.

50. Цевицхе Перуано

САСТОЈЦИ

- 2 средња кромпира
- 2 слатка кромпира
- 1 црвени лук, исечен на танке траке
- 1 шоља свежег сока од лимете
- 1/2 стабљике целера, нарезане
- 1/4 шоље лагано упакованих листова цилантра
- 1 прстохват млевеног кима
- 1 чешањ белог лука, млевен
- 1 хабанеро бибер
- 1 прстохват соли и свеже млевеног бибера
- 1 фунта свеже тилапије, исечене на 1/2 инча
- шкампи средње величине од 1 фунте - огуљени,

УПУТСТВО:

a) Ставите кромпир и слатки кромпир у шерпу и прелијте водом. Ставите нарезани лук у посуду са топлом водом.

b) Помешајте целер, цилантро и ким и умешајте бели лук и хабанеро бибер. Зачините сољу и бибером, па умешајте тилапију исечену на коцкице и шкампе

c) За послуживање, огулите кромпир и исеците га на кришке. Умешајте лук у мешавину рибе. Обложите чиније за сервирање листовима зелене салате. Сипајте цевиче који се састоји од сока у чиније и украсите кришкама кромпира.

51. Цевицхе Аутопортраит

САСТОЈЦИ

- Шкампи од 1 фунте, огуљени и огуљени
- 4 воћа лимете, исцеђена
- 4 шљива парадајза
- 1/2 жутог лука, ситно исеченог на коцкице
- 1 краставац, ољуштен, ољуштен
- 4 паприке Серрано паприке, са сјеменкама
- 1 кашичица соли и бибера по укусу
- 12 тостада шкољки
- 1 кашика соса од љуте паприке

УПУТСТВО:

a) Нарежите шкампе и ставите у посуду за мешање. Исцедите сок од лимете преко шкампа док не буду потпуно покривени, око 4 лимете. Умешајте парадајз, лук, краставац, серано паприке, со и бибер. Покријте и ставите у фрижидер 1 сат.

b) Када будете спремни за сервирање, по потреби зачините сољу и бибером. Послужите заједно са шкољкама тостаде са мало љутог соса, по жељи.

52. Цевицхе солеро

Прави: 1 порција

a) 1 фунта шкампи; очишћени, огуљени и исечени
b) 1 фунта Снаппер филета; огуљен и исечен
c) 1 кашика маслиновог уља
d) 1 кашика свежег сока од поморанџе
e) 1 кашика белог сирћета
f) ½ шоље свежег сока од лимете
g) 1 кашика белог лука; исецкани
h) 1 кашика црвеног лука; исецкани
i) 4 унце нарезане на коцкице црвене паприке (око 3/8 шоље)
j) 1 Јалапено; коцкице
k) 1 прстохват млевеног кима
l) 1 кашичица соли
m)   1 кашика исецканог лишћа цилантро
n) 2 кашике пиреа од маракује

УПУТСТВО:

a) Кувајте шкампе, у кључалој води да покрију, 1 минут. Процедите и ставите у фрижидер, поклопљено, док се не охлади.

b) У великој посуди помешајте коцкице шљунка, уље, сок од поморанџе, сирће, сок од лимете, бели лук, црни лук, паприку, јалапењо, ким, со, цилантро и пире од маракује. Додајте шкампе; покрити и маринирати у фрижидеру најмање 6 сати.

c) Послужите на тракама ендивије или зелене салате украшене тракама бибера и кришкама лимете.

53. Севицхе у стилу Јукатана

Направи: 6 порција

САСТОЈЦИ

- 1½ фунте чврстих филета беле рибе
- ¾ фунте великих шкампи, 16-24 Цоунт
- 1 велики слатки лук
- 3 до 4 хабанеро, благо препечени
- 1 шоља свежег сока од лимете
- ½ шоље свежег сока од поморанце
- Исеците рибу на кришке од ¼ инча; уклоните све кости док идете. Ставите рибу у стаклену или глазирану керамичку посуду довољно велику да је држи у једном слоју.
- Ољуштите шкампе и очистите их од љуске, исперите их само ако је потребно да бисте их ослободили песка. Прережите шкампе на пола по дужини или их исеците лептиром.
- Положите шкампе преко рибе. Лук исеците на пола по дужини, а затим попречно на танке кришке.
- Положите лук преко рибе и шкампа.
- Носите гумене рукавице, стабљику, семе и исецкајте Хабанерос и посипајте их по луку. Посолите посуду и прелијте соком од лимуна и поморанце.
- Покријте и маринирајте у фрижидеру 8 сати или преко ноћи, или док риба и шкампи не постану непрозирни.

54. Шримп Цевицхе Сасхими

Марке: 6

САСТОЈЦИ
● 8 унци куваних шкампа, уклоњених репова, исечених на мале комаде
● 4 кашике дресинга од риже за суши
● 1 шоља ананаса исеченог на коцкице
● Сок од 1 лимете
● 1 мала јалапено чили паприка, уклоњена семена, ситно исецкана
● ½ кашичице млевеног белог лука
● ¼ мале црвене паприке, ситне коцкице
● 4 кашичице млевеног зеленог лука, само зелени делови
● 4 гранчице свежег листа коријандера, исецкане
● Чипс од трпутца, за сервирање

УПУТСТВО:
a) Комбинујте састојке и добро промешајте.
b) Оставите у фрижидеру најмање 1 сат пре сервирања.
c) Да бисте послужили, понудите чипс од трпутца са стране да бисте га користили као јестиве кашике.

55. Зачињени дип од шкампа и сира

САСТОЈЦИ

- 2 кришке сланине без шећера
- 2 средња жута лука, ољуштена и исецкана на коцкице
- 2 чена белог лука, млевено
- 1 шоља шкампа од кокица (не поханих), куваних
- 1 средњи парадајз, исечен на коцкице
- 3 шоље исецканог Монтереи џек сира
- 1/4 кашичице Франковог црвеног соса
- 1/4 кашичице кајенског бибера
- 1/4 кашичице црног бибера

УПУТСТВО:

- Кувајте сланину у средњем тигању на средњој ватри док не постане хрскава, око 5-10 минута. Држите маст у посуди. Сланину ставите на папирни пешкир да се охлади. Када се охлади, сланину измрвити прстима.
- Додајте лук и бели лук у сланину која капље у тигању и динстајте на средње лаганој ватри док не омекшају и замиришу, око 10 минута.
- Комбинујте све састојке у лаганом шпорету; добро промешати. Кувајте поклопљено на ниској температури 1-2 сата или док се сир потпуно не отопи.

56. Зачињене фритуле од шкампа

Марке: 4

САСТОЈЦИ:

- 1 кашика млевеног свежег чена белог лука
- Столна со, по укусу
- 1 кашика свежег лимуновог сока
- Шкампи од 1 фунте, са репом, девеинед и лептир
- 1 кашичица куркуме у праху
- 2 jaja, умућена
- 2 кашике вишенаменског брашна
- 1 кашичица црвеног чилија у праху
- 1 серано зелени чили, са семенкама и млевеним
- 1 кашика ренданог свежег корена ђумбира
- Биљно уље за дубоко пржење

УПУТСТВО:

a) Комбинујте куркуму, црвени чили у праху, зелени чили, ђумбир, бели лук, лимунов сок и со у плиткој посуди; добро промешати.

b) У посебној посуди умутите jaja.

c) Напуните плитку посуду до пола брашном.

d) Сваку шкампу премажите мешавином зачина, па јајетом, па брашном.

e) У фритези загрејте биљно уље на 350 °.

f) Пржите шкампе у серијама до злато смеђе боје.

57. <u>Португалске ролнице са шкампима</u>

Марке: 4

САСТОЈЦИ:

- 2 кромпира, ољуштена, исецкана на коцкице и кувана
- Шкампи од 1 фунте, огуљени и огуљени
- ½ шоље воде
- 1 шоља мрвица свежег хлеба
- 1 кашичица млевеног белог лука
- Биљно уље за дубоко пржење
- 2 серано зелена чилија, очишћена од семена и млевена
- ½ кашичице куркуме у праху
- 2 јаја, умућена
- Столна со, по укусу

УПУТСТВО:

a) Комбинујте шкампе, куркуму у праху, со и воду у великој шерпи.

b) Крчкајте док шкампи не постану провидни.

c) Извадите шкампе из воде и оставите их на страну.

d) Козице крупно исецкајте, а кромпир изгњечите.

e) Комбинујте шкампе, кромпир, зелени чили и бели лук у посуди за мешање; обликујте лоптице.

f) Загрејте биљно уље у фритези на 350 °.

g) Ставите јаја у једну плитку посуду, а мрвице хлеба у другу.

h) Сваки ролат шкампа умочите у јаја, па лагано уваљајте у презле.

i) Пржите до златно браон боје.

j) Шушкастом кашиком извадите из уља и оцедите на папирним убрусима.

58. Схримп Стоцк

ПРАВИ 5 ШОЉА

САСТОЈЦИ
1 ½ фунте шкољки од шкампа, ракова или ракова

Ставите шкољке у средњи лонац и прелијте хладном водом. Довести до кључања. Покријте, смањите ватру на средње ниску и кувајте 30 минута. Страин.

59. Сеафоод Гумбо Стоцк

Марке: 8

САСТОЈЦИ
- ½ лб. шкољке ракова
- ½ лб. љуске шкампа
- 6 шоља хладне воде
- 1 шоља сувог белог вина
- 1 мали лук; четвртасто
- 1 глава лососа
- 1 ловоров лист
- 3 гранчице свежег тимијана
- 5 зрна бибера
- 2 чена белог лука
- 1 шаргарепа; коцкице

УПУТСТВО:
a) Ставите уљну главу лососа, љуске ракова и љуске шкампа у инстант лонац и *Дрзите* 5 минута

b) Сипајте воду у инстант лонац.

c) Додајте све преостале састојке у воду.

d) Затворите поклопац инстант лонца и окрените ручицу за отпуштање притиска у *запечаћен* положај.

e) Изаберите функцију *Мануал*, подесите на висок притисак и подесите тајмер на 48 минута

f) Када се огласи; *Природно отпуштање* паре 10 минута и отворите поклопац инстант лонца.

g) Припремљени темељац процедите кроз мрежасту цедиљку и баците све чврсте материје, скините све масноће са површине и послужите вруће.

60. Дуцк Гумбо

Марке: 12.

САСТОЈЦИ
Акција:

- 3 велике или 4 мале патке
- 1-галон воде
- 1 лук, нарезан на четвртине
- 2 ребра целера
- 2 шаргарепе 2 ловорова листа 3 т. со
- 1 т. бибер

Гумбо:

- ¾ц. брашно
- ¾ц. уље
- 2 чена белог лука, млевено
- 1 шоља ситно сецканог лука
- ½ц. ситно исецканог целера
- 1ц. ситно исецкане зелене паприке
- 1 лб бамије исечене на комаде од ¼ инча
- 2 Т. сланине масти
- 1лб. сирове, ољуштене шкампе
- 1пт. остриге и алкохолна пића
- ¼ц. сецканог першуна
- 2 ц. кувани пиринач

УПУТСТВО:

a) Скин патке; кувајте у води са луком, целером, ловоровим листом, сољу и бибером око 1 сат или док пачје месо не омекша. Страин; скините сву маст и резервишите 3 четвртине залиха. Ако је потребно, додајте пилећи или говеђи бујон да добијете 3 литре темељца. Уклоните месо са трупа и комадића величине комадића; вратити на залихе. Залихе се могу направити дан пре прављења гумба.

b) **За Гумбо:**У великој холандској рерни направите тамно браон роук од брашна и уља. Додајте бели лук, лук, целер и зелени бибер; динстајте бамију на масноћи од сланине док не нестане сва жилавост, око 20 минута; одвод. У лонцу за супу загрејте темељац и полако умешајте мешавину руса и поврћа. Додати бамију; кувати поклопљено 1½ сата. Додајте шкампе, остриге и њихов ликер и кувајте још 10 минута. Умешајте першун и склоните са ватре. Исправите зачине и послужите преко врућег, меканог пиринча.

61. Пилетина Бамија Гумбо

Израђује: 8 ДО 10 порција

САСТОЈЦИ

- 1¼ шоље биљног уља, подељено
- 1 фунта пилећих бутина без костију и коже
- 2 кашичице соли зачина, подељено
- 1½ кашичице млевеног црног бибера, подељеног
- 1 кашичица зачина за живину
- 1 кашичица лука у праху
- 1 кашичица белог лука у праху
- 2 литре пилећег бујона, подељено
- 1½ шоље сецканог целера
- 2 велике зелене паприке, сецкане
- 1 велики жути лук, исецкан
- 2 кашичице млевеног белог лука
- ½ шоље вишенаменског брашна
- 1 фунта андоуилле кобасице, сецкане
- 1 (14 унци) лименке парадајза исеченог на коцкице
- 3 до 4 ловорова листа
- ½ фунте бамије, сецкане
- 1 шоља сушених шкампа
- 2 фунте Аљаски краљевски рак
- 1 фунта великих шкампа, огуљених и огуљених
- 2½ кашичице млевеног гумбо филеа
- Сецкани свеж першун, за украс

УПУТСТВО:

a) У средњем тигању на средњој ватри сипајте ¼ шоље биљног уља. Када се уље загреје, ставите пилеће бутине у тигањ. Зачините пилетину са 1 кашичицом зачинске соли, ½ кашичице црног бибера, зачинима за живину, црним луком у праху и белим луком у праху. Пружите сваку страну пилетине, око 5 минута по страни, а затим сипајте ½ шоље пилећег бујона. Покријте тигањ и пустите да се пилетина кува док се потпуно не скува, око 15 минута. Када завршите, извадите пилетину из тигања и ставите на страну на тањир.

b) У исти тигањ додајте целер, паприке и лук и кувајте 2 минута. Додајте бели лук и кувајте док поврће не постане лепо и провидно, а затим искључите ватру.

c) У великом лонцу на средњој ватри сипајте преосталу 1 шољу биљног уља. Када се уље загреје, почните да посипате брашно по мало. Непрекидно мешајте да бисте спречили стварање грудвица и кувајте док се руксак не претвори у браон боју путера од кикирикија, око 30 минута.

d) Када је руксак лепа и смеђа, полако сипајте преосталу пилећу чорбу. Додајте кувано поврће, пилетину и кобасицу. Све добро промешајте и поспите преосталу 1 кашичицу соли и 1 кашичицу црног бибера. Додајте парадајз и ловоров лист. Промешајте, поклопите, па кувајте око 20 минута.

e) Додајте сецкану бамију и сушене шкампе. Промешајте, поклопите и динстајте још 20 минута.

f) Сада додајте рак. Уверите се да су рак и остали састојци лепо прекривени бујоном. Крчкајте још 20 минута, а затим убаците сирове шкампе. Промешајте састојке и смањите топлоту на ниску.

g) Поспите гумбо филе, промешајте и кувајте 7 минута. Искључите топлоту и оставите гумбо да одстоји неколико минута. Украсите першуном, и послужите уз парени пиринач или кукурузни хлеб.

62. Говеђи гумбо

МАКЕ: 6 порција

САСТОЈЦИ
- 2 фунте говедине, исечене на комаде
- 2 кашичице соли
- 2 кашичице млевених сушених шкампа
- 6 шоља воде
- 2 фунте бамије, нарезане
- 1 шоља цвећа Јамајке
- 1 лук
- Чили се не сеје

УПУТСТВО:
a)   Ставите говедину у лонац. Додајте со, сушене шкампе и кључалу воду. Смањите топлоту и динстајте ¾ сата, обрадите по потреби. Додајте бамију и кувајте док семенке не постану црвенкасте, око 1 сат.

b)   Нарежите лук и чили и додајте, жустро мешајући да добијете лепљиву текстуру.

c)   Крчкајте 15 минута.

63. Схримп Гумбо

САСТОЈЦИ

- Огуљени средњи шкампи од 1 фунте
- ½ фунте пилећих прса без коже и костију
- ½ шољекокосуље
- 3/4 шољебадембрашно
- 2 шоље сецканог лука
- 1 шоља сецканог целера
- 1 шоља сецкане зелене паприке
- 1 кашичица млевеног кима
- 1 кашика млевеног свежег белог лука
- 1 кашичица свежег тимијана сецканог
- ½ кашичице црвене паприке
- 6 шољица пилећег бујона
- 2 шоље парадајза исеченог на коцкице
- 3 шоље нарезане бамије
- ½ шоље сецканог свежег першуна
- 2 ловорова листа
- 1 кашичица љутог соса

УПУТСТВО:

a) Пирјајте пилетину на јакој ватри док не порумене у великом лонцу. Уклоните и оставите на страну. Исецкајте лук, целер и зелену паприку и оставите са стране.

b) У шерпу ставите уље и брашно. Добро промешајте и браон да направите ру. Када је руса готова додајте сецкано поврће. Пржите на лаганој ватри 10 минута.

c) Полако додајте пилећу супу уз стално мешање.

d) Додати пилетину и све остале састојке осим бамије, шкампе и першуна, које ћемо сачувати за крај.

e) Покријте и кувајте на лаганој ватри пола сата. Скините поклопац и кувајте још пола сата, повремено мешајући.

f) Додајте шкампе, бамију и першун. Наставите да кувате на лаганој ватри без поклопца 15 минута.

64. Пилетина и шкампи Гумбо

Марке: 4

САСТОЈЦИ

- 2 кашике уља каноле
- ¼ шоље вишенаменског брашна
- 1 средњи лук, исечен на коцкице
- 1 зелена паприка, очишћена од семена и исечена на коцкице
- 2 стабљике целера, исецкане на коцкице
- 3 чена белог лука, млевено
- 1 кашика млевеног свежег тимијана
- ¼ до ½ кашичице кајенског бибера
- ½ шоље сувог белог вина
- 1 конзерва (14 унци) парадајза исеченог на коцкице без додавања соли
- 2 шоље воде
- 1 (10 унци) паковање смрзнуте исечене бамије
- 4 унце димљене андоуилле кобасице, исечене на коцкице
- Средњи шкампи од 1 фунте, ољуштени и огуљени
- 1½ фунте куваних пилећих прса, исечених на коцкице

УПУТСТВО:

a) Загрејте уље у великој посуди или холандској рерни на средње јакој ватри. Додајте брашно и кувајте уз стално мешање.

b) Додајте лук, паприку, целер и бели лук и кувајте, повремено мешајући, док лук не омекша, око 5 минута.

c) Додајте мајчину душицу и кајену и кувајте још 1 минут. Улијте вино и прокувајте, повремено мешајући.

d) Додајте парадајз са њиховим соком, водом и бамијом и динстајте, непоклопљено, око 15 минута. Додајте кобасицу и шкампе и динстајте још око 5 минута.

e) Умешајте кувану пилетину и наставите да динстате, повремено мешајући, док се пилетина не загреје и шкампи не постану непрозирни.

Гумбо обала залива

НАПРАВИ 8 порција

САСТОЈЦИ
- 1 шоља биљног уља
- 1 ½ шоље вишенаменског брашна
- 2 ½ шоље сецканог лука
- 1 ½ шоље сецканог целера
- 1 ½ шоље сецкане зелене паприке
- 3 кашике сецканог белог лука
- 1 кашичица Емерилове оригиналне есенције или другог креолског зачина
- 1 ½ кашичице соли
- 1 кашичица свеже млевеног црног бибера
- ½ кашичице кајенског бибера
- 2 лоборова листа
- 1 кашичица сушеног тимијана
- 1 кашичица сушеног оригана
- 1 фунта димљене кобасице, исечене на кругове дебљине ½ инча
- 1 фунта гумбо ракова, преполовљено
- 10 шољица темељца од шкампа или воде
- 1 фунта куваних репова ракова из Луизијане, са било којом масноћом
- 1 фунта ољуштених и девеинираних заливских шкампа
- ½ шоље сецканог зеленог лука, плус још за сервирање
- 1/4 шоље сецканог свежег лишћа першуна, плус још за сервирање
- Бели пиринач на пари, за сервирање

УПУТСТВО:

a) Загрејте велику холандску рерну или лонац за супу са дебелим дном на јакој ватри 1 минут. Пажљиво додајте уље, а затим умутите брашно. Смањите ватру на средњу и стално мешајте брашно, стружући сваки део дна тигања, док рукс не добије равномерну смеђу боју и боју тамног путера од кикирикија, око 15 минута. Ако брашно почне да се боји пребрзо, смањите ватру на средњу. Важно је пазити на роук и пажљиво кувати да не би загорео. Када добијете жељену боју, додајте лук, целер, паприку, бели лук, есенцију, со, бибер, кајену, ловоров лист, мајчину душицу, оригано и кобасицу. Наставите да кувате 5-7 минута дуже, или док поврће не омекша.

b) Додајте ракове и темељац у холандску рерну и доведите до кључања. Смањите ватру на стабилно кључање и кувајте док се укуси не сједине и сос не буде баршунаст и гладак, око 2 сата, додајући још темељца или воде ако гумбо постане прегуст током кувања. Дебљина гумба је ствар личног укуса. Неки људи воле веома густ гумбо, док други више воле танки, чорбасти гумбо. Додајте количину течности по вашој жељи.

c) Када је гумбо укусан и праве дебљине, умешајте ракове и шкампе и кувајте док се шкампи не скувају, 2-3 минута дуже. Умешајте зелени лук и першун. Пробајте и прилагодите зачине, ако је потребно.

d) Послужите гумбо преко чинија пиринча на пари са додатно сецканим першуном и зеленим луком по жељи.

65. Пилетина, шкампи и Тасо Гумбо

САСТОЈЦИ

- 4 пилећа бута без костију, исечена на комаде од 2 инча са кожом
- 2 кашичице кошер соли
- ½ кашичице паприке
- ½ кашичице свеже млевеног црног бибера
- 1 ½ шоље биљног уља
- 2 1/4 шоље вишенаменског брашна, подељено
- 1 фунта исеченог на коцкице
- 1 средњи лук, ситно исечен на коцкице
- 2 поблано паприке, ситно исечене на коцкице
- 1 мали јалапењо, ситно исечен на коцкице
- 3 стабљике целера, исецкане на коцкице
- 4 чена белог лука, млевено
- 2-3 кашичице кошер соли (додајте 2, пробајте и додајте другу ако је потребно)
- 1 ½ кашичице свеже млевеног црног бибера
- 1 кашичица кајенског бибера
- 1 кашичица паприке
- 1 кашичица сушеног тимијана
- 1 кашичица филе праха
- 6 ловорових листова
- 1 галон пилећег темељца (или пола темељца од шкампа и пола пилећег темељца)
- 1 фунта огуљених луизијанских шкампа
- Зачините пилетину сољу, паприком и бибером.

УПУТСТВО:

a) Загрејте уље у лонцу са тешким дном од 2 галона до средње високе температуре; уље треба да лагано цврчи када је спремно.

b) Премажите пилетину са ½ шоље брашна и пржите са обе стране на уљу док не порумени, а затим извуците на папирни пешкир. У овом тренутку не мора да се кува. Додати вишак брашна од зачињавања пилетине у преостало брашно и додајте га у уље. Мешајте на средњој ватри око 40 минута, или док руксак не постане тамно црвенкасто браон, али не превише таман.

c) Након што роук добије праву боју, додајте тассо, поврће и све зачине (садржајте то мало соли, јер је неки тассо зачињен од других) и кувајте око 4 минута.

d) Умутите темељац и ставите да проври, пазећи да промешајте дно лонца док гумбо прокључа да се не залепи. Крчкајте око 30 минута док скидате сву масноћу која излази на површину.

e) Додајте кувану пилетину и шкампе у овом тренутку и динстајте још 45 минута, и даље скидајући масноћу која исплива на врх.

f) Послужите одмах или следећег дана са мало куваног пиринча и прилогом од крем салате од кромпира. Кувар Линк каже: „Волим да умачем своју кромпир салату у гумбо.“

66. Цреоле Гумбо

ПРАВИ 8–10 порција

САСТОЈЦИ
- ½ фунте цхаурице, исеците на комаде величине залогаја
- ½ фунте димљене кобасице, исечене на комаде величине залогаја
- ½ фунте говеђег гулаша
- ½ фунте пилећих желуца, сецканих
- 1 фунта гумбо ракова
- ½ шоље биљног уља
- ½ шоље вишенаменског брашна
- 2 велика лука, сецкана
- 3 литре воде, или више по жељи
- 8 пилећих крилца, исечених на зглобовима и врхова одбачени
- ½ фунте димљене шунке, исечене на комаде од ½ инча
- 1 кашика паприке
- 1 кашичица сушеног тимијана
- 1 кашичица соли
- 3 чена белог лука, млевено
- 1 фунта средњих шкампи, ољуштених и девеинед
- 2 туцета ољуштених острига са њиховим алкохолом
- 1/4 шоље сецканог свежег першуна са равним листовима
- 1 кашика филе праха
- Кувани бели пиринач дугог зрна, за сервирање

УПУТСТВО:

a) Ставите кобасице, говедину, желуце и ракове у велики тешки лонац. Покријте и кувајте на средњој ватри 30 минута, повремено мешајући. Неће вам требати додатна масноћа, јер ће месо бити довољно за кување.

b) Док се месо кува, направите роук: загрејте уље у тигању, додајте брашно и стално мешајте на средњој ватри док печеница не постане глатка и тамно-браон боје. Додајте лук и кувајте на лаганој ватри док не омекша. Испразните садржај тигања у лонац са месом, добро промешајте. Полако умешајте воду и доведите је до кључања. Додајте пилећа крилца, шунку, паприку, тимијан, со и бели лук, лагано промешајте и смањите топлоту; поклопити и кувати 45 минута. Ако више волите тањи гумбо, додајте још воде сада.

c) Додајте шкампе и остриге и кувајте још неколико минута - пазите да шкампи постану само ружичасти, а остриге да се увијају - више од тога и постаће чврсте. Склоните лонац са ватре, умешајте першун и филе у праху и уживајте у чинијама преко врућег пиринча.

67. Цреоле Сеафоод Гумбо

САСТОЈЦИ

- 6 средњих плавих ракова или смрзнутих гумбо ракова, одмрзнутих
- 2 ½ фунте шкампа у шкољкама са главама
- 2 туцета средњих до великих ољуштених острига са њиховим алкохолом
- 1 шоља плус 1 кашика репице или другог биљног уља, подељена
- 2 шоље нарезане бамије, свеже или замрзнуте и одмрзнуте
- 1 шоља вишенаменског брашна
- 1 велики лук, исецкан
- 1 веза зеленог лука, сецканог, бели и зелени делови одвојени
- 1 зелена паприка, сецкана
- 2 стабљике целера, исецкане
- 4 велика чена белог лука, млевена
- 2 велика свежа парадајза у сезони, огуљена и исецкана, или 1 парадајз из конзерве исечен на коцкице са соком
- 3 ловорова листа
- 1 кашичица италијанских зачина
- Со, свеже млевени црни бибер и креолски зачин по укусу
- 1/4 шоље млевеног першуна са равним листовима
- Кувани бели пиринач дугог зрна, за сервирање

УПУТСТВО:

a) Припремите ракове.

b) Одвојите шкампи од главе, огулите их и развежите, стављајући главе и шкољке у лонац средње величине. Додајте довољно воде да покрије шкољке за најмање 2 инча и доведите до кључања. Покријте, смањите ватру на малу и кувајте 30 минута. Када се мало охлади, процедите темељац у велику шољу за мерење и баците шкољке.

c) Процедите остриге и додајте ликер у темељац од шкампа. Додајте довољно воде да направите 7 или 8 шољица течности у овом тренутку (у зависности од тога колико густо волите свој гумбо). Проверите да ли остриге има фрагмената шкољке.

d) Загрејте 1 кашику уља у широком тигању (не лепљивом) и додајте бамију. Пирјајте на средњој ватри, повремено мешајући, док не нестане сва лепљивост, око 15 минута. Склоните са ватре.

e) Загрејте преостало уље у великом, тешком лонцу на јакој ватри; додати брашно и стално мешати док рук не почне да порумени. Смањите ватру на средњу или средње ниску и кувајте, непрестано мешајући, док руксак не добије боју тамне чоколаде.

f) Додајте лук, беле делове зеленог лука, паприку и целер и кувајте, мешајући, док не постане провидан. Додајте бели лук и кувајте још минут. Додајте парадајз и ликер од острига, темељац од шкампа и комбинацију воде док се не постигне благо згуснута и глатка конзистенција.

g) Додајте бамију, ракове, ловоров лист и италијанске зачине и зачините сољу, бибером и креолским зачинима; поклопити и кувати 40 минута.

h) Додајте шкампе и динстајте још 5 минута. Додајте остриге и динстајте док се не савијају, око 3 минута.

i) Искључите ватру, уклоните ловоров лист и умешајте већину врхова зеленог лука и першуна, остављајући мало за украс. Послужите у чинијама преко пиринча. Додајте комаде ракова у сваку чинију и украсите врховима лука и першуном. Понудите крекере од ракова или ораха за ноге.

68. Шкампи и бамија гумбо

САСТОЈЦИ

- 3 фунте малих до средњих шкампа у љусци са главама или 1 ½ фунте огуљених и очишћених смрзнутих шкампа, одмрзнутих
- 1 фунта свеже бамије, исечене на комаде од 1/4 инча, или смрзнуте резане бамије, одмрзнуте
- 1 кашика плус ½ шоље биљног уља, подељено
- ½ шоље вишенаменског брашна
- 1 велики лук, исецкан
- 1 веза зеленог лука, сецканог, бели и зелени делови одвојени
- 1 зелена паприка, сецкана
- 2 стабљике целера, исецкане
- 3 велика чена белог лука, млевена
- 1 конзерва парадајза исеченог на коцкице
- 2 литре темељца од шкампа или воде
- 1 ½ кашичице креолског зачина
- 2 ловорова листа
- ½ кашичице сушеног тимијана
- 1/4 шоље сецканог першуна са равним листовима
- Кувани бели пиринач дугог зрна, за сервирање
- Француски хлеб

УПУТСТВО:

a) Ако користите свеже шкампе, скините им главу, огулите их и очистите од вене, ставите љуске и главе у средњи лонац. Додајте довољно воде да покрије шкољке за најмање 2 инча и доведите до кључања. Покријте, смањите ватру на малу и кувајте 30 минута. Када се мало охлади, процедите темељац у велику шољу за мерење и баците шкољке.

b) Ако користите свежу бамију, загрејте 1 кашику уља у средњем до великом тигању. На средњој ватри кувајте бамију, повремено мешајући, док не нестане жилава течност. Оставите на страну.

c) Загрејте преостало уље у великом, тешком лонцу на јакој ватри. Додајте брашно и стално мешајте док руксак не почне да порумени. Смањите ватру на средњу и кувајте, стално мешајући, док рук не добије боју млечне чоколаде. Додајте лук и беле делове зеленог лука и кувајте, мешајући, док лук не почне да се карамелизује. Додајте паприку и целер и кувајте док не увене. Додајте бели лук и кувајте још минут.

d) Додајте парадајз и постепено мешајте темељац или воду. Додајте све зачине осим першуна, смањите ватру на малу, поклопите и динстајте 30 минута. Додајте шкампе и динстајте док шкампи не постану ружичасти, око 10 минута. Склоните са ватре и додајте врхове зеленог лука и першун и уклоните ловоров лист.

e) Послужите у чинијама преко врућег пиринча са врућим француским хлебом.

69. Супер Гумбо

САСТОЈЦИ

- 2 фунте шкампа у шкољкама са главама
- 1 фунта свежих или смрзнутих гумбо ракова, одмрзнутих ако су замрзнути
- 6 комада пилетине (као што су ноге и бутине)
- Сол, бибер и креолски зачин по укусу
- 1 фунта свеже бамије, исечене на комаде, или смрзнуте резане бамије, одмрзнуте
- 1 кашика плус 1 шоља биљног уља, подељена
- 1 шоља вишенаменског брашна
- 1 велики лук, исецкан
- 1 веза зеленог лука, сецканог, бели и зелени делови одвојени
- 1 зелена паприка, сецкана
- 2 стабљике целера, исецкане
- 4 чена белог лука, млевено
- ½ фунте андоуилле или друге димљене кобасице, исечене на четвртине по дужини и нарезане на 1/4 инча дебљине
- 2 свежа парадајза, исецкана на коцкице, или 1 парадајз (14,5 унце) исечен на коцкице
- 2 кашике парадајз пасте
- 9 шољица морских плодова или пилећег темељца, или комбинација ова два
- 3 ловорова листа
- ½ кашичице креолског зачина
- 1 кашичица соли
- Неколико окрета на млину за црни бибер
- 2 кашике сецканог першуна са равним листовима
- Кувани бели пиринач дугог зрна, за сервирање

УПУТСТВО:

a) Одвојите шкампи од главе, огулите их и развежите, стављајући главе и шкољке у лонац средње величине. Додајте довољно воде да покрије шкољке за најмање 2 инча и доведите до кључања. Покријте, смањите ватру и кувајте 30 минута. Када се мало охлади, процедите темељац у велику шољу за мерење и баците шкољке.

b) Уклоните све осим шкољки које садрже месо ракова, остављајући ноге на месту и жуту и наранџасту маст. Ако било који део шкољке треба очистити, урадите то сунђером.

c) Оперите и осушите комаде пилетине и обилно поспите сољу, бибером и креолским зачинима.

d) У средњем тигању загрејте 1 кашику биљног уља; додајте бамију и кувајте на јакој ватри, често мешајући, док не почне благо да порумени. Смањите ватру на средњу и наставите са кувањем док лепљива течност не нестане.

e) У великом, тешком лонцу загрејте 2 кашике преосталог уља и запржите комаде пилетине са свих страна. Уклоните пилетину и оставите на страну.

f) Додајте преостало уље и брашно у шерпу и мешајте на јакој ватри док рус не постане светло браон. Смањите ватру на средњу и кувајте, непрестано мешајући, док рукс не постане тамно браон (боје путера од кикирикија или мало тамније). Пазите да га не запалите.

g) Додајте лук, беле делове зеленог лука, паприку и целер и кувајте, мешајући, док не постане провидан. Додајте бели лук и кувајте још минут. Додајте кобасицу, парадајз и парадајз пасту и кувајте још 5 минута. Постепено мешајте темељац.

h) Додајте све зачине осим першуна. Пустите да проври, а затим смањите ватру на лаганој ватри. Покријте и кувајте око 1 сат и 20 минута, повремено мешајући и скидајући масноћу са врха. Додајте шкампе, першун и врх зеленог лука, појачајте ватру и кувајте неколико минута док шкампи не постану ружичасти. Пробајте да прилагодите зачине и уклоните ловоров лист.

i) Послужите у чинијама преко куваног пиринча.

70. <u>Филе Гумбо</u>

САСТОЈЦИ

- 2 фунте шкампа у шкољкама са главама
- ½ шоље биљног уља или сланине
- ½ шоље вишенаменског брашна
- 1 лук, сецкани
- 1 зелена паприка, сецкана
- 3 чена белог лука, млевено
- 2 кашике парадајз пасте
- 2 ловорова листа
- ½ кашичице соли или по укусу
- ½ кашичице свеже млевеног црног бибера, или по укусу
- ½ кашичице кајенског бибера или по укусу
- 2 кашике филе праха
- 1 фунта јумбо квржице ракова
- Кувани бели пиринач дугог зрна, за сервирање

УПУТСТВО:

а) Одвојите шкампи од главе, огулите их и развежите, стављајући главе и шкољке у лонац средње величине. Додајте довољно воде да покрије шкољке за најмање 2 инча и доведите до кључања. Покријте, смањите ватру и кувајте 30 минута. Када се мало охлади, процедите темељац у велику шољу за мерење и баците шкољке. Ако је потребно, додајте довољно воде у темељац да добијете 5 шољица течности. Оставите на страну.

b) У великом, тешком лонцу помешајте уље и брашно. Стално мешајте на јакој ватри док брашно не почне да порумени. Смањите ватру на средњу и стално мешајте док руксак не постане тамно браон.

c) Додајте лук и паприку и кувајте док не увене. Додајте бели лук и кувајте још минут. Умешајте парадајз пасту и динстајте 5 минута, повремено мешајући. Постепено умешајте темељац од шкампа. Додајте све зачине осим филеа, поклопите и динстајте на лаганој ватри 30 минута.

d) Додајте шкампе и наставите да кувате 3 минута ако су шкампи мали или 7 минута ако су велики. Искључите топлоту. Ако одмах сервирате сав гумбо, додајте филе и добро промијешајте. (Ако није, сачувајте филе за додавање у појединачне чиније.) Лагано умешајте месо од ракова.

е) Послужите у чинијама преко врућег пиринча. Ако нисте додали филе, додајте ½–3/4 кашичице у сваку чинију, у зависности од величине чинија.

71. Гумбо без Роука

САСТОЈЦИ

- 2 фунте средњих шкампа у љусци са главама или 1 фунта ољуштених и очишћених смрзнутих шкампа, одмрзнутих
- 3 шоље нарезане свеже бамије или 3 шоље смрзнуте исечене бамије, одмрзнуте
- 1 фунта пилећих бутина без костију, исечених на комаде од 1 инча
- Креолски зачин за посипање пилетине плус ½ кашичице
- 1 кашичица плус 3 кашике биљног уља
- 1 велики лук, исецкан
- 1 зелена паприка, сецкана
- 1 веза зеленог лука, сецканог, раздвојени зелени и бели делови
- 2 стабљике целера, исецкане
- 3 чена белог лука, млевено
- 1 конзерва (15 унци) здробљеног парадајза
- 4 шоље шкампа и/или пилећег темељца
- ½ кашичице соли
- 10 млевених на млину за црни бибер
- 1 кашичица соли целера
- 1 пуна кашика сецканог першуна са равним лишћем
- 1 кашика филе праха
- Кувани бели пиринач дугог зрна, за сервирање

УПУТСТВО:

a) Ако користите свеже шкампе, уклоните им главе и љуске и очистите шкампе. Ставите шкољке и главе у средњи лонац, додајте довољно воде да покрије шкољке за најмање 2 инча и доведите до кључања. Покријте, смањите ватру на малу и кувајте 30 минута. Када се мало охлади, процедите темељац у велику шољу за мерење и баците шкољке. Требаће вам 4 шоље темељца. Остатак резервишите за каснију употребу.

b) Загрејте 1 кашичицу уља у тигању на средњој ватри и додајте бамију. Кувајте, често окрећући, док се не уклони сва слузавост са бамије. Оставите на страну.

c) Поспите пилетину са свих страна креолским зачинима. Загрејте преостало уље у великом, тешком лонцу и, у 2 серије, попржите комаде пилетине са свих страна. Извадите пилетину на тањир.

d) Додајте лук, беле делове зеленог лука, паприку и целер у шерпу и динстајте док не постану провидни. Додајте бели лук и динстајте још минут.

e) Вратите пилетину у шерпу и додајте бамију, парадајз, темељац, преостале креолске зачине, со, бибер и сол за целер. Покријте и динстајте 30 минута.

f) Додајте шкампе, врхове зеленог лука и першун и кувајте 5-10 минута дуже, или док шкампи не постану само ружичасти. Додајте филе у лонац ако намеравате да послужите сав гумбо. Послужите у чинијама преко пиринча. Ако нисте додали филе, додајте ½–3/4 кашичице у сваку чинију.

72. Шкољка, шкампи и рак

Израђује: 10 порција

САСТОЈЦИ

- ½ фунте сланине, сецкане
- 1 велики жути лук, исечен на коцкице
- 2 средње шаргарепе, ољуштене и исечене на коцкице
- 2 стабљике целера, исецкане на коцкице
- 2½ шоље морских плодова
- 2 велика црвена кромпира, ољуштена и исецкана на коцкице
- 3 чена белог лука, млевено
- ¾ шоље (1½ штапића) сланог путера
- ¾ шоље вишенаменског брашна
- 2 шоље густе павлаке
- 2 шоље пуномасног млека
- 1 шоља млевених шкољки
- ½ шоље меса ракова
- 2 кашичице кошер соли
- 1 кашичица млевеног црног бибера
- ½ фунте средње сирових шкампа, огуљених и очишћених од вена
- 2 кашике сецканог свежег першуна

УПУТСТВО:

a) Бaците слaнину у велики лонaц и укључите топлоту нa средњу. Кувajте слaнину док не постaне хрскaвa. Зaтим je извaдите из шерпе, остaвите мaсноћу у шерпи, a слaнину стaвите нa стрaну.

b) Додajте лук, шaргaрепу и целер у лонaц. Кувajте док не буду лепи и мекaни, a зaтим сипajте темељaц од морских плодовa. Додajте кромпир и бели лук и динстajте око 15 минутa, jош увек нa средњоj вaтри.

c) Док се то кувa, у средњу шерпу додajте путер и истопите гa нa средњоj вaтри. Поспите брaшном и умутите. Кувajте 3 минутa уз непрекидно мешaње, пa сипajте пaвлaку и млеко. Обaвезно умутите тaко дa буде без грудвицa!

d) Сипajте мешaвину путерa и брaшнa у велики лонaц сa остaлим сaстоjцимa и промешajте. Додajте шкољке, рaкове, со и црни бибер. Помешajте сaстоjке, a зaтим смaњите темперaтуру нa ниску.

e) Додajте шкaмпе и слaнину и промешajте.

f)   Крчкajте 15 минутa. Пре сервирaњa прелиjте свежим першуном.

73. Схримп Етоуффее

Прави: 4 порције

САСТОЈЦИ

- ½ шоље сланог путера
- ½ шоље вишенаменског брашна
- 1 кашика биљног уља
- 1 велика зелена паприка, нарезана на коцкице
- ½ средњег лука, исеченог на коцкице
- 2 стабљике целера, исецкане на коцкице
- 3 чена белог лука, млевено
- 1 (14 унци) лименке парадајза исеченог на коцкице
- 1 кашика парадајз пасте
- 2 шоље пилећег бујона или темељца од морских плодова
- 2 гранчице свежег тимијана, плус још за украс
- 1½ кашичице креолског зачина
- 1 кашичица Ворцестерсхире соса
- ½ кашичице млевеног црног бибера
- ½ кашичице пахуљица црвене паприке
- 2 фунте сирових џамбо шкампа, огуљених и очишћених
- 2 шоље куваног белог пиринча

УПУТСТВО:

а) У великој шерпи на средњој ватри истопите путер. Када се путер отопи, додајте брашно и мутите док се све добро не сједини. Роук кувајте док не добије лепу, богату браон боју, 10 до 15 минута, али пазите да не загорете!

b) Додајте паприке, лук, целер и бели лук. Кувајте док поврће не омекша, 3 до 5 минута. Затим додајте парадајз исечен на коцкице и парадајз пасту. Полако сипајте чорбу и убаците свеж тимијан. Мешајте док се све добро не сједини, а затим поспите креолским зачинима, вустерширским сосом, црним бибером и листићима црвене паприке. Промешајте састојке и оставите да се кува 5 минута на средње јакој ватри.

c) Полако почните да додајете шкампе и промешајте. Смањите ватру на ниску и кувајте још 5 минута. Уклоните гранчице тимијана. Украсите мајчином душицом и послужите уз врући пиринач.

74. Јамајчанска супа од шкампа

ЧИНИ: 2

САСТОЈЦИ
- 2 кашике зеленог кари пасте
- 1 шоља повртног темељца
- 1 шоља кокосовог млека
- 6 оз. Прецоокед Схримп
- 5 оз. Броколи цветови
- 3 кашике цилантра, сецканог
- 2 кашике кокосовог уља
- 1 кашика соја соса
- Сок од ½ лимете
- 1 средњи млади лук, сецкани
- 1 кашичица згњеченог печеног белог лука
- 1 кашичица млевеног ђумбира
- 1 кашичица рибљег соса
- ½ кашичице куркуме
- ½ шоље павлаке

УПУТСТВО:
a) У шерпи средње величине истопите кокосово уље.

b) Додајте бели лук, ђумбир, млади лук, зелену кари пасту и куркуму. Додајте соја сос и рибљи сос.

c) Кувајте 2 минута.

d) Додајте биљни темељац и кокосово млеко и добро промешајте. Кувајте неколико минута на лаганој ватри.

e) Додајте цветове броколија и цилантро и добро промешајте када се кари мало згусне.

f) Када будете задовољни конзистенцијом карија, додајте шкампе и сок од лимете, па све промешајте.

g) Кувајте неколико минута на лаганој ватри. По потреби зачините сољу и бибером.

75. Цајун сом гумбо

Израђује: 10 порција

САСТОЈЦИ
2 шоље сецканог лука
2 шоље зеленог лука; сецкано *
1 шоља сецканог целера
½ шоље паприке; исецкани
6 Цл Бели лук; исецкани
6 филета сома од 7 оз; Прошао
3 филета сома од 7 оз; за ул
1 фунта меса ракова; (канца)
1 фунта шкампи; (ољуштено)
1½ шоље уља
1½ шоље брашна
4 литре топле воде
Со; окусити
Алева паприка; окусити
* одвојено и резервно зеленило.

УПУТСТВО:
а) У посебном лонцу динстајте 3 (7 оз.) филета сома у 1 литри благо слане воде 15 минута. Процедите кроз газу и резервишите течност. Исецкајте сома и резервишите месо. У лонац са дебелим дном додајте уље и брашно. Кувајте на средње јакој ватри уз стално мешање док не порумени. Опрез, не пали! Додајте све зачине осим врхова зеленог лука. Пржите 5 минута.

b) Додајте сав рибљи темељац и сецкани сом. Доливајте топлу воду, једну по једну кутлачу, док се не постигне конзистенција густе супе. Додајте месо ракова и половину шкампа. Смањите да се крчка. Кувајте око 45 минута, повремено мешајући. Додајте сома, преостале шкампе и врхове зеленог лука. Кувајте 10-15 минута. Зачините по укусу сољу и кајенским бибером. Додајте воду ако је потребно да задржите запремину. Послужите преко белог пиринча.

76. Пилетина, шкампи и кобасица Јамбалаиа

САСТОЈЦИ

- 1 пилетина, исечена на 10 комада, поделити прса на четвртине Сол, свеже млевени црни бибер и креолски зачин по укусу
- 1/4 шоље биљног уља
- 1 фунта димљене кобасице, пожељно свињетине, исечене на кругове дебљине 1/4 инча
- 1 велики лук, исецкан
- 6 зеленог лука, сецканог, раздвојеног зеленог и белог
- 1 зелена паприка, сецкана
- 2 стабљике целера, исецкане
- 4 чена белог лука, млевено
- 3 шоље воде, или више по потреби
- ½ кашичице соли
- ½ кашичице свеже млевеног црног бибера
- 1 кашика креолског зачина
- 1 ½ шоље белог пиринча дугог зрна
- 2 фунте шкампа, огуљених и очишћених, или 1 фунта средње ољуштених и смрзнутих шкампа, одмрзнутих
- 1/3 шоље млевеног италијанског першуна са равним листовима

УПУТСТВО:

a) Оперите комаде пилетине и осушите их. Зачините са свих страна сољу, свеже млевеним црним бибером и креолским зачинима. Загрејте уље у великом, тешком лонцу. Када је вруће, запржите пилетину са свих страна и извуците у папирне убрусе. Запржите кобасицу и извадите из шерпе.

b) Ако је потребно, додајте довољно уља да прекрије дно шерпе. Додајте лук, беле делове зеленог лука, паприку и целер и динстајте док не буде провидан. Додајте бели лук и динстајте још минут. Додајте воду и зачине и ставите да проври на јакој ватри. Додајте пиринач, поклопите и смањите температуру на ниску. Кухајте 20 минута. Лагано умешајте шкампе (у овом тренутку на дну лонца још увек треба да има течности. Ако не, додајте 1/4 шоље воде за влагу док се шкампи кувају), врх зеленог лука и першун и динстајте Још 10 минута, или док се вода не упије. Нежно мешајте да се састојци не разбију.

c) Послужите топло уз врући француски хлеб и салату и љути сос из Луизијане.

77. Слов Цоокер Јамбалаиа

САСТОЈЦИ

- 1 ½ фунте пилећих бутина без костију, испраних, исечених од вишка масти и исечених на коцке од 1 инча
- 3 везе Цајун димљена кобасица (укупно око 14 унци), исечена на кругове дебљине 1/4 инча
- 1 средњи лук, исецкан
- 1 зелена паприка, сецкана
- 1 стабљика целера, исецкана
- 3 чена белог лука, млевено
- 2 кашике парадајз пасте
- 1 кашичица креолског зачина
- 1 кашичица соли
- ½ кашичице свеже млевеног црног бибера
- ½ кашичице табаско соса
- ½ кашичице Ворцестерсхире соса
- 2 шоље пилећег бујона
- 1 ½ шоље пиринча дугог зрна
- 2 фунте средњих шкампа, огуљених и очишћених (опционо)

УПУТСТВО:

a) Ставите све састојке (осим шкампа, ако их користите) у спори шпорет. Промешајте, поклопите и кувајте на лаганој ватри 5 сати.

b) Ако користите шкампе, лагано их промешајте након 5 сати кувања и кувајте на високој температури 30 минута до 1 сат више, или док шкампи не буду готови, али не прекувани.

78. Јамбалаиа-пуњене ролнице од купуса

Израђује: 6 ДО 8 порција

САСТОЈЦИ
- 2 кашике екстра девичанског маслиновог уља
- 1 фунта андоуилле кобасице, сецкане
- 1 велика црвена паприка, нарезана на коцкице
- 1 велика зелена паприка, нарезана на коцкице
- 1 велики црвени лук, исецкан
- 1 конзерва парадајза исеченог на коцкице, неоцеђена
- 2 кашике парадајз пасте
- 5 чена белог лука, млевено
- 2½ кашичице Цајун зачина, подељено
- 2 кашичице сушеног тимијана
- 2 кашичице паприке
- 2 кашичице Ворцестерсхире соса
- 1½ кашичице целерове соли
- 3 ловорова листа
- 6 шоља чорбе од поврћа, подељено
- 1½ шоље некуваног белог пиринча
- 1 фунта средње сирових шкампа, ољуштених и очишћених од вена
- 1 велика главица купуса, листови појединачно уклоњени
- Биљно уље, за подмазивање
- 1 шоља конзервираног парадајз соса
- Кошер со и црни бибер, по укусу

УПУТСТВО:

a) У великом лонцу на средњој ватри покапајте уље. Када се уље загреје, убаците кобасицу и кувајте док не порумени. Извадите кобасицу из лонца и ставите је на страну.

b) Затим додајте паприке и лук. Кувајте док не омекшају, а затим додајте парадајз (са соком), парадајз пасту и бели лук. Добро промешати. Додајте 2 кашичице зачина Цајун, мајчину душицу, паприку, вустерски сос, целерову со, ловоров лист и 3 шоље чорбе од поврћа. Промешајте састојке, а затим додајте кобасицу назад у шерпу, заједно са некуваним пиринчем. Поново промешајте и кувајте 25 до 30 минута, или док се течност не упије. Затим додајте шкампе, промешајте и склоните са ватре. Поставите на страну.

c) У посебан лонац на средњој ватри додајте листове купуса и преостале 3 шоље чорбе од поврћа. Кувајте док купус не омекша, па оцедите и охладите.

d) Лагано науљите посуду за печење. Умотајте око ¼ шоље џембалаје у сваки лист купуса и ставите ролнице у посуду за печење. Поставите на страну.

e) У малој посуди помешајте парадајз сос, преосталу ½ кашичице Цајун зачина, со и бибер. Мешајте док се добро не сједини.

f) Колутове прелијте сосом од парадајза, а затим покријте посуду за печење алуминијумском фолијом и пеците у рерни 25 до 30 минута. Извадите из рерне и оставите да се охлади пре сервирања.

79. Јабалаја сломљених шкампи

Прави: 6 порција

САСТОЈЦИ
1½ фунте сломљених шкампа (кувaних)
1 шоља уља од кикирикија
4 комада Лук, сецкани
5 комада Каранфилића белог лука
По 2 гроздова љутике
1 свака паприка, сецкана
2 кашичице паприке
1 к црвени, црни, бели бибер
1 к со
¼ фунте Димљена кобасица 3 ц Ри
5 шоља воде

Загрејати уље, додати лук, бели лук, љутику, паприку, димљену кобасицу, паприку, со, паприке и добро продинстати. Додајте комаде шкампа, пиринач и воду. Пустите да проври, поклопите и на веома лаганој ватри кувајте на пари 20 до 25 минута. Промешајте виљушком и вратите поклопац.
Зачините љутим сосом по укусу.

80. Цоусцоус јамбалаиа

Прави: 2 порције

САСТОЈЦИ

- 1 кашика биљног уља
- ¼ шоље сецканог целера
- ¼ шоље сецкане зелене паприке
- ¼ шоље сецканог лука
- 2 кашике млевеног белог лука
- ½ шоље пилетине исечене на коцкице
- ½ шоље сецкане андоуилле кобасице
- 1 шоља пилећег темељца
- 12 шкампи; ољуштене и исецкане
- ½ шоље парадајза исеченог на коцкице
- 1 баиоу бласт
- 1 вустерски сос; окусити
- 1 табаско сос; окусити
- 1 сол; окусити
- 1 свеже млевени црни бибер; окусити
- 1 шоља кус-куса
- 1 сецкани млади лук; за украс

У средњем лонцу за супу загрејте уље, додајте сецкано поврће и динстајте док не омекша, 5 минута. Додајте бели лук, пилетину и кобасицу; кувајте, често мешајући, 5 минута. Додајте темељац и доведите до кључања. Додајте шкампе, парадајз и зачине по укусу; кувати 3 минута. Умешајте кус-кус, поклопите и склоните са ватре; оставите на страну 15 минута, док кус-кус не омекша и упије сву течност. Флуфф кус-кус виљушком. Пробајте, прилагодите зачине и по потреби кратко загрејте. Послужите украшено младим луком.

81. Супа од кукуруза и шкампа

НАПРАВИ 8 порција

САСТОЈЦИ

- 2 фунте средњих шкампи у шкољкама са главама
- 8 класова кукуруза
- 1 штапић путера
- ½ шоље вишенаменског брашна
- 1 велики лук, исецкан
- 3 зелена лука, сецкана, бели и зелени део одвојени
- 1 зелена паприка, сецкана
- 2 стабљике целера, исецкане
- 1 кашичица млевеног белог лука
- 1 конзерва (10 унци) оригиналног Ро-Тел парадајза и зеленог чилија
- Со, свеже млевени црни бибер и креолски зачин по укусу
- ½ пинте тешке павлаке
- 2 кашике сецканог першуна са равним листовима

УПУТСТВО:

a) Одвојите шкампи од главе, огулите их и развадите их, стављајући главе и шкољке у велики лонац. Оставите шкампе на страну у фрижидеру.

b) Користећи веома оштар нож, исеците зрна са клипова кукуруза у веома велику чинију. Користећи тупи столни нож, остружите клипове да бисте пустили сав кукурузни сок у чинију. Оставите на страну.

c) Додајте клипове кукуруза у шерпу са кором од шкампа. Додајте толико воде да покрије љуске и клипове и доведите до кључања. Смањите ватру на средњу и кувајте 30 минута без поклопца. Када се мало охлади, процедите темељац у велику шољу за мерење и баците љуске и клипове. Требало би да имате 8 шољица залиха; ако не, додајте довољно воде да направите 8 шољица течности.

d) У великом, тешком лонцу истопите путер на средњој ватри; додајте брашно и кувајте, стално мешајући, док рус не добије боју путера.

e) Додајте лук, беле делове зеленог лука, паприку, целер и бели лук и кувајте док лук не постане провидан. Додајте парадајз и постепено мешајте густин. Зачините сољу, бибером и креолским зачинима и кувајте поклопљено око 15 минута. Додајте кукуруз и кувајте још 10 минута. Додајте шкампе и кувајте док не постану ружичасти, око 2 минута. Додајте крему, врхове зеленог лука и першун. Када сте спремни за сервирање, лагано загрејте. Не кувати.

82. Шкампи и гриз

САСТОЈЦИ

- 3 фунте великих шкампа (око 15 до 20 фунте), ољуштених и без вена
- 5 кашика путера, подељено
- 8 зеленог лука, сецканог
- 5 великих чена белог лука, млевено
- Корица и сок од 1 лимуна
- 1/3 шоље сувог белог вина
- 1 кашика Ворцестерсхире соса
- 1 кашичица италијанских зачина
- Свеже млевени црни бибер, по укусу
- ½ кашичице плус 1/4 кашичице соли, подељено
- 1 кашичица креолског зачина
- 2 кашике сецканог першуна са равним листовима
- 1 шоља брзог гриза
- 4 1/4 шоље воде
- 1/4 шоље свеже ренданог пармезана

УПУТСТВО:

a) Растопите 4 кашике путера у великом, тешком тигању на средњој ватри. Додајте лук и бели лук и динстајте док не увене. Додајте шкампе и динстајте, мешајући, неколико минута док не порумене. Додајте лимунову корицу и сок, вино, ворчестер сос, италијански зачин, бибер, креолски зачин и ½ кашичице соли и динстајте око 3 минута. Не прекувајте шкампе. Склонити са ватре и посути першуном.

b) Да бисте скували гриз, доведите воду до кључања у великој шерпи и додајте гриз у сталном млазу уз мешање. Додајте преосталу со. Покријте, смањите ватру на малу и кувајте око 10 минута. Склоните са ватре и умешајте пармезан и преостали путер. Послужите шкампе преко гриза на тањирима или у чинијама.

83. Схримп Ремоуладе

САСТОЈЦИ

- ½ шоље сецканог зеленог лука
- ½ шоље сецканог целера
- 1/4 шоље сецканог першуна са равним листовима
- 2 чена белог лука, млевено
- ½ шоље свежег рена (налази се у расхлађеном делу продавница)
- ½ шоље кечапа
- 3/4 шоље креолског сенфа
- 2 кашике вустерширског соса
- 3 кашике свежег лимуновог сока
- 1/8 кашичице кајенског бибера
- Сол, свеже млевени црни бибер и кајенски бибер, по укусу
- 3 фунте великих ољуштених и девеинираних шкампа
- Исецкана зелена салата, око 4 шоље

УПУТСТВО:

а) У чинији помешајте све састојке осим шкампа и зелене салате и добро промешајте. Пробајте и прилагодите зачине.

b) Неколико сати пре сервирања, ставите шкампе у велику чинију. Постепено мешајте сос док не добијете конзистенцију по вашем укусу. Неки можда више воле сав облачење, а други мање. Послужите преко исецкане зелене салате.

а) Послужите преко крем сира за намазивање на крекерима.

84. Пуњени мирлитони

ПРАВИ 6–8 порција (1–2 МИРЛИТОН ПОЛОВИНЕ ПО ПОРОЦИ)

САСТОЈЦИ

- 6 мирлитона
- 7 кашика путера, подељено
- 1 средњи лук, исецкан
- 1 веза (6–8) зеленог лука, сецканог, раздвојеног белог и зеленог дела
- 2 стабљике целера, исецкане
- 4 чена белог лука, млевено
- 1 кашичица италијанских зачина
- 1 кашичица табаско соса
- 1 кашика свежег лимуновог сока
- Сол и свеже млевени црни бибер, по укусу
- 2 фунте средњих шкампа, огуљених и очишћених, или 1 фунта огуљених смрзнутих шкампа, одмрзнутих
- 1 фунта грудвеног ракова
- 1 1/4 шоље италијанских хлебних мрвица, подељених

УПУТСТВО:

a) У великом лонцу кувајте мирлитоне целе док не омекшају када их забодете виљушком, око 1 сат. Оцедити и охладити.

b) У међувремену, истопите 4 кашике путера у великом тигању. Додајте лук, беле делове зеленог лука и целер и динстајте док не буде провидан. Додајте бели лук и динстајте још минут. Додајте зачине и лимунов сок и склоните са ватре.

c) Прережите мирлитоне на пола по дужини и уклоните семенке. Извадите месо, остављајући љуску дебљине око 1/4 инча. Додајте месо мирлитона у тигањ и динстајте око 5 минута. Умешајте врхове шкампа и зеленог лука и кувајте, мешајући, док шкампи не постану ружичасти. Помешајте ½ шоље италијанског хлеба и месо ракова, лагано мешајући тако да месо крабе остане у комадима.

d) Обложите подмазан плех шкољкама од мирлитона. Напуните шкољке мешавином морских плодова и поспите сваку са 1 кашиком преосталих мрвица хлеба. Преостали путер исеците на мале комадиће и исеците врхове мирлитона.

e) Пеците док не порумене на врху, око 30 минута. Или браон испод бројлера у последњих неколико минута кувања. Послужите одмах.

85. Лагниаппе цхили

Израђује: 40 порција

САСТОЈЦИ

- 1 фунта сушеног пинто пасуља
- 6 литара воде или говеђег темељца
- 2 ловорова листа
- 3 унце сушеног парадајза
- 1 кашика жалфије
- 1 кашичица оригана
- 3 кашичице кајенског праха
- 1 кашика семена црне горушице; печена
- 1 кашика семена кима; печена
- ½ шоље Ворцестерсхире соса
- ½ шоље Нуоц мам
- ¼ шоље црног бибера
- ¼ шоље љуте паприке
- ¼ шоље млевеног кима
- 4 веће Цхипотле паприке; растрган на комаде
- 2 веће Јалапено паприке; исецкани
- 2 фунте свежег парадајза; исецкани
- 1 конзерва (28 оз) пелат; исецкани
- 12 унци парадајз пасте
- 2 главице белог лука; притиснут
- 2 већа жута лука; исецкани
- 4 кашике уља каноле
- 1 фунта Киелбаса
- 3 фунте млевене говедине
- 2 кашике сушених шкампи
- 1 шоља димљених острига
- ¼ шоље меда
- Соли по укусу

УПУТСТВО:

a) Намочите пинто пасуљ преко ноћи. Следећег јутра оцедите пасуљ, одбаците оне који плутају.

b) Загрејте воду или говеђи темељац, додајте пинтос. Лагано проври, смањити ватру, додати ловоров лист и динстати два сата. Док се пасуљ крчка, у мањи суви тигањ ставите једну супену кашику семена кима и једну кашику црног сенфа. Укључите јаку ватру и кувајте, непрестано мешајући, док семенке *само* не почну да пуцају. Одмах склоните са ватре и изгњечите у малтеру или машини за храну. Резерва.

c) Затим додајте све суве зачине, парадајз и чипотле паприке у пасуљ. Добро промешати. Додајте вустерширски сос и нуоц мам, промешајте. Ставите четири кашике уља у велики тигањ, исецкајте лук и јалапено паприку и пржите на средњој ватри док лук не постане провидан. Додајте у лонац чилија, промешајте. Нарежите једну фунту килбасе, браон у тигању, додајте чилију. Сада запећи три фунте млевене говедине, сецкајући лопатицом на комаде величине залогаја. Склонити са ватре, оцедити и додати у чили.

d) Сада притисните две главе (око 25 чена) белог лука у чили. Додајте сушене шкампе и димљене остриге. Промешајте, прокувајте, смањите на средњу ватру и кувајте поклопљено још један до два сата, повремено мешајући. Петнаестак минута пре сервирања додајте четвртину шоље меда, промешајте и посолите по укусу. Уклоните са ватре и послужите.

86. Посуде за пролећне ролнице од тиквица

Састојци

- 3 кашике кремастог путера од кикирикија
- 2 кашике свеже цеђеног сока од лимете
- 1 кашика соја соса са смањеним садржајем натријума
- 2 кашичице тамно браон шећера
- 2 кашичице самбал оелека (млевена свежа чили паста)
- Средњи шкампи од 1 фунте, ољуштени и огуљени
- 4 средње тиквице, спирализоване
- 2 велике шаргарепе, ољуштене и нарендане
- 2 шоље исецканог љубичастог купуса
- ⅓ шоље свежег лишћа цилантра
- ⅓ шоље листова босиљка
- ¼ шоље листова менте
- ¼ шоље сецканог печеног кикирикија

Упутства

a) ЗА СОС ОД КИКИКИРИЈИ: У малој чинији умутите путер од кикирикија, сок од лимете, соја сос, смеђи шећер, самбал оелек и 2 до 3 кашике воде. Оставите у фрижидеру до 3 дана, док не будете спремни за сервирање.

b) У великом лонцу са кључалом сланом водом кувајте шкампе до ружичасте боје, око 3 минута. Оцедите и охладите у посуди са леденом водом. Добро оцедите.

c) Поделите тиквице у посуде за припрему оброка. На врх ставите шкампе, шаргарепу, купус, цилантро, босиљак, менту и кикирики. Чуваће се покривено у фрижидеру 3 до 4 дана. Послужите са зачињеним сосом од кикирикија.

87. Салата од квиноје и шкампа

Прави: 4 порције

САСТОЈЦИ

- 1 шоља киное, кувана
- ½ фунте шкампи; кувано; у коцкице од 1/2 инча
- ½ шоље свежег коријандера; ситно насецкан
- ¼ шоље свежег власца или зеленог лука
- по 1 Јалапено бибер; млевено
- 1 чешањ белог лука; млевено
- 1 кашичица соли
- ½ кашичице црног бибера
- 3 кашике сока од лимете
- 1 кашика меда
- 1 кашика соја соса
- 2 кашике маслиновог уља

УПУТСТВА

a) За прелив умутите халапено, бели лук, со, бибер, сок од лимете, мед, соја сос и маслиново уље. Нежно прелијте квинојом.

b) Прилагодите зачин по укусу.

88. Мамурлук шкампи

Принос: 1 порција

Састојак

- 32 унце B-8 сока
- 1 лименка пива
- 3 Јалапено паприке (или хабанерос)
- 1 велики лук; исецкани
- 1 кашичица соли
- 2 чена белог лука; исецкани
- 3 фунте шкампи; ољуштен и девеиниран

Упутства

a) Ставите све састојке, осим шкампа, у велики лонац и прокувајте.

b) Додајте шкампе и склоните са ватре. Оставите да стоји око 20 минута. Оцедите и охладите шкампе.

c) Форматирао и разбио Царриеј999@...

89. Ролне од шкампа

Израђује: 4 порције

САСТОЈЦИ

g) 5 већих јаја
h) 1 кашика уља за салату
i) 1 фунта сирових шкампа; гранатиран, девеинед
j) 2 кашичице соли
k) ⅓ шоље Фине сушене мрвице хлеба
l) 1 кашичица ситно млевеног свежег ђумбира
m) 1 беланце
n) ⅛ кашичице љуте паприке у праху
o) ¼ кашичице белог бибера
p) 2 кашике вермута
q) ¼ шоље пилећег или рибљег темељца
r) 2 кашике ситно сецканог младог лука; само бели део
s) ½ црвене слатке паприке или пимиенто на коцкице
t) 1 мала шаргарепа; уситњено
u) 8 Снежни грашак; коцкице
v) ¼ шоље соса од острига
w) ¼ шоље пилећег темељца
x) 1 кашика соја соса
y) 1 кашика табаско соса
z) 1 кашичица млевеног свежег ђумбира

УПУТСТВО:

- Умутити 5 јаја док се добро не сједини. Тигањ обложен тефлоном премажите половином уља за салату.
- Загрејте тигањ и сипајте пола јаја, вртећи тигањ како би јаја прекрила дно тигања.
- Кувајте палачинку од јаја док се не стегне. Извадите из тигања и оставите да се охлади. Понављање.
- Утрљајте шкампе са 1 тсп. посолите и добро оперите под хладном текућом водом. Оцедите шкампе и осушите их.
- Самлевите шкампе окретањем за укључивање/искључивање машине за храну и пребаците их у велику посуду за мешање.
- Умешајте преосталу со, хлебне мрвице; ђумбир, беланце, бибер, вермут, пилећи или рибљи темељац и млади лук. Снажно мешајте док се смеса не сједини.
- Додајте грашак исечен на коцкице и слатку црвену паприку или пименто.
- Намажите ½ мешавине шкампа на палачинку од јаја, одозго са половином исецкане шаргарепе и заролајте. Поновите са другим крепом.
- Ставите ролнице са шкампима на тањир у пару и кувајте на пари 10 минута. Послужите са сосом од острига. Оистер

СОС:

- Помешајте, загрејте у шерпи и послужите топло уз ролнице од шкампа.

90. Тестенина са сирним песто шкампима и печуркама

Порција по рецепту: 8

Састојци
- 1 (16 оз.) паковање лингуине тестенине
- 1 шоља припремљеног песта од босиљка
- 2 кашике маслиновог уља
- 1 лб куваних шкампа, огуљених и очишћених
- 1 мали лук, исецкан
- 20 печурака, исецканих
- 8 чена белог лука, исеченог на кришке
- 3 рома (шљива) парадајза, исецкана на коцкице
- 1/2 шоље путера
- 2 кашике вишенаменског брашна
- 2 шоље млека
- 1 прстохват соли
- 1 прстохват бибера
- 1 1/2 шоље ренданог романо сира

Упутства
a) У велики тигањ са благо посољеном кључалом водом додајте тестенину и кувајте око 8-10 минута или до жељене готовости и добро оцедите и оставите са стране.
b) У великом тигању загрејте уље на средњој ватри и пржите лук око 4-5 минута.
c) Додајте путер и бели лук и динстајте око 1 минут.
d) У међувремену у чинији помешајте млеко и брашно и сипајте у шерпу, непрестано мешајући.
e) Умешајте со и црни бибер и кувајте, мешајући око 4 минута.
f) Додајте сир, непрестано мешајући док се потпуно не истопи.
g) Умешајте песто и шкампе, парадајз и печурке и кувајте око 4 минута или док се потпуно не загреју.
h) Додајте тестенину и ставите да се премаже и одмах послужите.

91. Сирни песто шкампи са тестенином

Порција по рецепту: 8

Састојци

- 1 лб. лингвинске тестенине
- 1/3 шоље песта
- 1/2 шоље путера
- 1 лб велики шкампи, огуљени и огуљени
- 2 шоље густе павлаке
- 1/2 кашичице млевеног црног бибера
- 1 шоља ренданог пармезана

Упутства

a) У велики тигањ са благо посољеном кључалом водом додајте тестенину и кувајте око 8-10 минута или до жељене готовости и добро оцедите и оставите са стране.

b) У међувремену, растопите путер у великом тигању на средњој ватри. Додајте павлаку и црни бибер и кувајте уз непрестано мешање око 6-8 минута.

c) Додајте сир и мешајте док се добро не сједини. Умешајте песто и кувајте непрестано мешајући око 3-5 минута.

d) Додајте шкампе и кувајте око 3-5 минута. Послужите топло уз тестенину.

92. Кокосови шкампи са кари хумусом

Чини: 2 туцета

САСТОЈЦИ
- ¾ шоље Незаслађено исецкано
- кокос (око 2 oz)
- 12 медијума Шкампи, ољуштени
- Преполовљен по дужини,
- И девеинед
- Со и бибер
- 3 кашике меда
- ½ шоље припремљеног хумуса (око 4 oz)
- 2 кашичице Мадрас кари праха
- 24 Минијатурни пападум или
- 2 пита хлеба
- Подели на пола
- Хоризонтално, а затим исеците
- На кришке и тост
- 24 листова цилантра

УПУТСТВО:
a) Загрејте рерну на 350 Ф. Тостирајте кокос око 5 минута, повремено мешајући, док не постане златно и хрскаво. Пребаците на тањир и оставите да се охлади.

b) Зачините шкампе сољу и бибером и премажите медом.

c) Убаците шкампе у кокос и поређајте их у плех.

d) Пеците око 7 минута, или док се шкампи не скувају. Остави да се охлади.

У малој чинији помешајте хумус и кари у праху/пребаците у кесу за пециво опремљену малим округлим врхом и напијте количину кари хумуса величине цента од сваког пападума (или комада пита). Или ставите хумус на пападум. Прелијте сваки пападум кокосовим шкампима, украсите листом коријандера и послужите.

93. шкампи са маслацем од белог лука

САСТОЈЦИ

1 фунта сирових шкампа, огуљених и очишћених
4 чена белог лука, млевеног
4 кашике путера
Сол и бибер по укусу
Кришке лимуна за сервирање

УПУТСТВА

Растопите путер у тигању на средњој ватри.

Додајте млевени бели лук и динстајте 1-2 минута док не замирише.

Додајте шкампе у тигањ и зачините сољу и бибером.

Кувајте 3-4 минута док шкампи не порумене и не буду кувани.

Послужите топло са кришкама лимуна са стране.

94. Цајун шкампи и пиринач

САСТОЈЦИ

1 функта сирових шкампа, огуљених и очишћених
2 кашике цајун зачина
1/2 кашичице соли
2 кашике путера
1 лук, сецкани
1 зелена паприка, сецкана
2 чена белог лука, млевено
1 шоља некуваног белог пиринча
2 шоље пилећег бујона
Сецкани першун за украс

УПУТСТВА

Зачините шкампе Цајун зачинима и сољу.

Растопите путер у великом тигању на средње јакој ватри.

Додајте сецкани лук и зелену паприку у тигањ и динстајте 3-4 минута док не омекшају.

Додајте млевени бели лук и динстајте 1-2 минута док не замирише.

Додајте пиринач у тигањ и промешајте да се премаже путером и поврћсм.

Сипајте пилећу чорбу и доведите до кључања.

Смањите топлоту на малу, поклопите и динстајте 15-20 минута док се пиринач не скува.

Додајте зачињене шкампе у тигањ и кувајте 3-4 минута док шкампи не порумене и не буду кувани.

Послужите топло са сецканим першуном на врху.

95. Схримп Тацос

САСТОЈЦИ

1 фунта сирових шкампа, огуљених и очишћених
2 кашике маслиновог уља
2 кашике тако зачина
8 кукурузних тортиља
Сецкани купус или зелена салата
Коцкице парадајза
Нарезани авокадо
Павлака
кришке лимете за сервирање

УПУТСТВА

Зачините шкампе тако зачинима.

Загрејте маслиново уље у великом тигању на средње јакој ватри.

Додајте шкампе у тигањ и кувајте 3-4 минута док шкампи не порумене и не буду кувани.

Загрејте тортиље у сувом тигању или у микроталасној пећници.

Саставите такосе од сецканог купуса или зелене салате, парадајза исеченог на коцкице, исеченог авокада, куваних шкампа и кашичице павлаке.

Послужите топло са кришкама лимете са стране.

96. Шримп Алфредо

САСТОЈЦИ

1 фунта сирових шкампа, огуљених и очишћених
1 фунта фетучини тестенине
1/2 шоље путера
2 чена белог лука, млевено
2 шоље густе павлаке
1/2 шоље рендаог пармезана
Сол и бибер по укусу
Сецкани першун за украс

УПУТСТВА

Скувајте тестенину према упутству на паковању и оцедите.

Зачините шкампе сољу и бибером.

Растопите путер у великом тигању на средњој ватри.

Додајте млевени бели лук и динстајте 1-2 минута док не замирише.

Додајте шкампе у тигањ и кувајте 3-4 минута док шкампи не порумене и не буду кувани.

Сипајте густу павлаку и рендани пармезан у тигањ и промешајте да се сједини.

Кувајте 2-3 минута док се сос не згусне.

Зачините сољу и бибером по укусу.

Послужите топло преко куване тестенине фетучини и украсите сецканим першуном.

97. <u>шкампи пржени пиринач</u>

САСТОЈЦИ

1 фунта сирових шкампа, огуљених и очишћених
3 шоље куваног пиринча, охлађеног
2 кашике биљног уља
1 лук, сецкани
2 шаргарепе, исечене на коцкице
2 чена белог лука, млевено
2 јаја, лагано умућена
1/2 шоље смрзнутог грашка
2 кашике соја соса
Сол и бибер по укусу

УПУТСТВА

Загрејте биљно уље у великом тигању на средње јакој ватри.

Додајте сецкани црни лук и шаргарепу исецкану на коцкице у тигањ и динстајте 3-4 минута док не омекша.

Додајте млевени бели лук и динстајте 1-2 минута док не замирише.

Додајте сирове шкампе у тигањ и кувајте 3-4 минута док шкампи не порумене и не буду кувани.

Поврће и шкампе гурните на једну страну тигања и сипајте умућена јаја са друге стране.

Умутите јаја док не буду кувана и помешајте их са поврћем и шкампима.

Додајте кувани пиринач и смрзнути грашак у тигањ и промешајте да се сједине.

Зачините соја сосом, сољу и бибером по укусу.

Кувајте 2-3 минута док се пржени пиринач не загреје.

Послужите топло.

98. Кари са кокосовим шкампима

САСТОЈЦИ

1 фунта сирових шкампа, огуљених и очишћених
1 кашика биљног уља
1 лук, сецкани
2 чена белог лука, млевено
1 кашика ренданог ђумбира
1 кашика кари праха
1 конзерва (14 унци) кокосовог млека
1 кашика рибљег соса
1 кашика смеђег шећера
Сол и бибер по укусу
Сецкани цилантро за украс

УПУТСТВА

Загрејте биљно уље у великом лонцу на средње јакој ватри.

У шерпу додајте сецкани црни лук, млевени бели лук и рендани ђумбир и динстајте 3-4 минута док не омекша.

Додајте кари у праху и кувајте 1-2 минута док не замирише.

Додајте сирове шкампс у лонац и кувајте 3-4 минута док шкампи не порумене и не буду кувани.

Сипајте кокосово млеко, рибљи сос и смеђи шећер у шерпу и промешајте да се сједини.

Зачините сољу и бибером по укусу.

Крчкајте 5-10 минута док се кари не згусне.

Послужите топло са сецканим цилантром на врху.

99. Ражња од шкампа на жару

САСТОЈЦИ

1 фунта сирових шкампа, огуљених и очишћених
2 кашике маслиновог уља
2 чена белог лука, млевено
1 кашика димљене паприке
1 кашичица кима
Сол и бибер по укусу
Дрвени ражњићи, натопљени водом 30 минута

УПУТСТВА

У чинији помешајте маслиново уље, млевени бели лук, димљену паприку, ким, со и бибер.
2. Додајте сирове шкампе у чинију и ставите да се премазују.

Навуците шкампе на дрвене ражњиће које су намочене у води 30 минута.

Загрејте роштиљ или тигањ на средње јакој ватри.

Пеците ражњиће са шкампима 2-3 минута по страни док шкампи не порумене и не буду печени.

Послужите топло.

ЗАКЉУЧАК

Надамо се да сте уживали у нашој куварици за шкампе и да сте пронашли неке нове омиљене рецепте за испробавање. Шкампи су укусан и хранљив састојак који може додати посебан штих сваком оброку. Било да кувате за публику или само за себе, рецепти у овој куварици ће сигурно импресионирати.

Не заборавите да увек изаберете најсвежије, најквалитетније могуће шкампе и пратите наше савете за кување да бисте обезбедили најбоље резултате. И немојте се плашити да експериментишете и направите ове рецепте својим додавањем омиљених састојака и зачина.

Хвала што сте нам се придружили на овом кулинарском путовању са шкампима. Срећно кување!